Jörg Müller:

Warum erscheint MARIA so oft?

Jörg Müller

Warum erscheint MARIA so oft?

Erscheinungsorte Mariens und ihre weltweiten Botschaften

MEDIATRIX-VERLAG
A-3423 St. Andrä-Wördern, Gloriette 5

Bestelladresse für Österreich:
Mediatrix-Verlag, A-3423 St. Andrä-Wördern, Gloriette 5.

Direktbezug:
Mediatrix-Buchhandlung, A-1010 Wien, Seilerstätte 16.

Bestelladresse (und Direktbezug) für Deutschland:
Mediatrix-Verlag, D-84495 Altötting, Kapuzinerstraße 7.

1. Auflage 1999

ISBN 3 85406 156 0

Printed in Austria 1999

Herstellung und Druck:
Offsetdruckerei Dr. Ranner, A-1210 Wien

Die Situation

Zu allen Zeiten und in allen Religionen gab es Erscheinungen von Wesen aus der jenseitigen Welt. Im christlichen Zeitalter sind es besonders die Erscheinungen der Gottesmutter, die das Interesse der Menschen wecken. Nicht weniger als nahezu 1ooo Erscheinungen wurden gezählt, genau genommen Erscheinungsorte, und zwar in der gesamten Welt.
Seit Beginn des 18.Jahrhunderts nehmen die Visionen und Auditionen von Jesus, Maria, von Heiligen und Engeln, auch von Verstorbenen zu. Im 19.Jahrhundert wurden allein 106 Erscheinungen gezählt, im 2o.Jahrhundert 427. Italien steht an der Spitze der ausgewählten Orte, es folgen Frankreich, Deutschland und Belgien. Seit 1949 wurden in Deutschland keine dieser Phänomene kirchlich anerkannt, wenngleich auch manche Orte als Gebetsstätte kirchlich empfohlen wurden; z:B. Heede, Marienfried und Heroldsbach.

Weshalb die Marienerscheinungen so deutlich zunehmen, läßt sich beantworten. Wenn man die Botschaften studiert, kommt man zu dem Schluß, daß Maria als Gesandte ihres Sohnes kommt, um die Welt zur Umkehr zu rufen, weil " es eilt". Unschwer läßt sich weltweit ein Zerfall der Moral feststellen. Glaubensschwund, Menschenrechtsverletzungen, kriegerische Auseinandersetzungen und ein wachsendes Herrschaftsmonopol mafioser Vereinigungen sind nicht zu übersehen. In diesem Chaos mahnt der Himmel die Menschheit zum Umdenken; andernfalls wird diese Welt in ein Unglück stürzen. Solche Worte stellen keine Drohung, sondern eine dringende Mahnung dar. Zugleich aber wird jenen Rettung zugesichert, die sich an die Gebote Gottes halten und darüber hinaus an bestimmte, konkrete Verhal-

tensweisen, die im Verlauf des Buches genau beschrieben werden.
Die Reihe der Skeptiker und der radikalen Verneiner solcher Erscheinungen ist groß. Die einen halten sie schlichtweg für Täuschungen, andere für Projektionen einer religiös überreizten Seele, wieder andere für inszenierte Manipulationen. Selbst die Ortskirchen halten sich bedeckt bis ablehnend, was bei vielen Gläubigen Irritation auslöst.
Die Ablehnung wird noch verstärkt durch das bigotte Verhalten mancher Pilger, die den Eindruck erwekken, als sei die Mutter Jesu eine Göttin, mindestens aber wichtiger als ihr Sohn. Und angesichts der wachsenden Andenkengeschäfte, deren religiöse Ware mehr Kitsch als Kunst ist, kann sogar ein aufrichtig Suchender ins Schleudern kommen.
Eine Ablehnung, die nicht aufgrund von Prüfungen und "Ortsbesichtigungen", sondern aufgrund von Hörensagen oder gar persönlicher Animosität zustandekommt, kann nicht akzeptiert werden. In jedem Fall müssen die geistlichen Früchte geprüft werden, die Lebensweise der Seher und Seherinnen sowie die praktischen Konsequenzen im religiösen Leben der Glaubenden. Ein atheistisch eingestellter Tourist sagte einmal: "Nicht auszudenken, wenn das alles wahr ist. Dann sind wir die Angeschmierten!"
Nirgends ist bekannt, ob Maria auch einem protestantischen Gläubigen erschienen ist. Wir wissen um Erscheinungen im orthodoxen Bereich, auch bei Indianern und auch bei Menschen, die erst aufgrund der Erscheinung zum christlichen, und zwar zum katholischen Glauben kamen. Vornehmlich sucht sich der Himmel die weniger Gebildeten aus: mehr Kinder, oft auch Jugendliche, seltener Erwachsene. Sollte diese Tatsache ein Grund sein, gegen Marienerscheinungen zu polemisieren?

Derzeit erscheint die Gottesmutter auf allen Kontinenten; die hier beschriebenen Orte sind die bekanntesten; sie werden von den jeweiligen Ortskirchen mit "gleichschwebender Aufmerksamkeit" beobachtet. Die Seher und Seherinnen haben geistliche Begleitung, stehen unter ständiger medizinischer und psychologischer Kontrolle, haben in der breiten Bevölkerung ein offenes Ohr.
Nicht zur Sprache kommen jene, die zwar mystische Einigungserfahrungen haben, auch innere Schauungen, nicht aber Erscheinungen mit lokalisierbarer, für Außenstehende unsichtbarer Position der Gottesmutter. Das betrifft z.B. den italienischen Priester Don Gobbi und zahlreiche andere Mystiker, die Mitteilungen aus dem Mund Jesu oder Mariens erhalten.
Daß sich zunächst einmal der Verstand gegen derartige Phänomene sträubt, ist normal und richtig. Die Dinge müssen geprüft werden, was eine Langzeitbeobachtung erfordert. Deshalb hält sich die Kirche mit zu schnellen Stellungnahmen zurück und wartet erst einmal ab. Fatima mußte 17 Jahre warten bis zur offiziellen Anerkennung. Es gibt ja auch viele Täuschungen, darunter Projektionen und psychotische Abpaltungen kranker Seelen. Dennoch lassen sich nicht alle Phänomene so einfach vom Tisch fegen, vor allem nicht jene, die sich vor den Augen kritischer, ungläubiger und zufälliger Zeugen abspielen (z.B. die Sonnenwunder und Feuerzeichen).
Der "aufgeklärte" Mensch tut sich schwer. Als der reiche Prasser Gott bittet, er möge doch Verstorbene zu den Menschen auf die Erde schicken, damit sie gewarnt werden, antwortete Gott: "Wenn sie nicht einmal auf Moses und meine Propheten hören, dann werden sie sich auch nicht überzeugen lassen, wenn einer von den Toten aufersteht!" (Lukas 16,31) Es scheint, daß der Himmel sich der Kleinen und

Schwachen bedient, um die "Klugen" dieser Welt zu betören. Es gilt also, klug und demütig mit jenen Phänomenen umzugehen, deren Früchte Gutes verraten.

Daß Maria so oft erscheint und sehr eindrücklich um Umkehr bittet, muß man ernst nehmen. **"An hundert Orten der Welt bin ich in diesem Moment aktiv, aber die Menschen glauben nicht und leben fern von Gott",** klagte die Gottesmutter am 7.September 1985 in Schio. Die Zahl der Propheten und Seher wächst. Darauf weist Paulus hin, der wiederum den Propheten Joel zitiert: " *In den letzten Tagen wird es geschehen, spricht der Herr: Da will ich von meinem Geist ausgießen über alles Fleisch, und ihre Söhne und ihre Töchter werden weissagen, und die jungen Männer werden Gesichte schauen.., und ich will Wunder wirken am Himmel oben und Zeichen auf der Erde unten...."* (Apg 2,17 ff)

Privatoffenbarung - was ist das?

Der Begriff ist mißverständlich. Die Kirche lehrt, daß die großen Offenbarungen mit dem Tod des letzten Apostels abgeschlossen sind und zwar in dem Sinn, daß nichts wesentlich Neues mehr verkündet werden kann. Wenn also heute einer käme und behauptete, ein Engel oder sonst eine jenseitige Gestalt, vielleicht sogar Jesus selber habe ihm geoffenbart, daß er nicht auferstanden sei oder daß die Kirche mit ihren Konzilsbeschlüssen falsch läge, so lügt er. Mindestens aber wurde er Opfer eines Irrtums oder einer falschen Erscheinung. Denn göttliche Offenbarungen richten sich niemals gegen Lehren der von Gott gestifteten Kirche. Das berührt nicht das Fehlverhalten ihrer Amtsträger; denn diese Kirche ist eine Ge-

meinschaft von Sündern. Jedoch darf eine von der Kirche feierlich verkündete, vom Geist Gottes inspirierte Lehraussage (Dogma) als unfehlbar gelten, weil Gott selber Urheber dieser Erkenntnis ist. Natürlich waren Hexenverbrennungen und gewaltsame Bekehrungsversuche schlimme Verbrechen, nie aber Gegenstand einer Lehre.
Wenn also nun keine wesentlich neuen Dinge mehr geoffenbart werden können, so hindert dies Gott nicht daran, weiterhin in die Geschichtlichkeit der Welt einzugreifen, um sein Volk zu führen, zu mahnen und zum Glauben zurückzuführen. Und dies scheint sich in den letzten Jahrzehnten ganz klar abzuzeichnen. Gott bedient sich dabei der Engel, der Heiligen, vorzugsweise der Mutter Jesu. Privatoffenbarung ist demnach die Kundgabe verborgener Wahrheiten und Inhalte, die an einzelne Personen oder Gruppen gerichtet sind. Es gibt darunter mystische Offenbarungen, die sich im Inhalt und in der Zielsetzung nur auf einzelne beziehen, und es gibt prophetische Offenbarungen, die sich an die ganze Welt richten. Im vorliegenden Buch handelt es sich um die prophetischen Offenbarungen, also um Mitteilungen, die uns alle existentiell betreffen.
Karl Rahner nennt sie "ein Imperativ, wie in einer gestimmten geschichtlichen Situation von der Christenheit gehandelt werden soll." Sie sind nicht neue Behauptungen, sondern neue Befehle. (Visionen und Prophezeiungen. Reihe:Quaestiones diputatae 4, Freiburg 1958)
Paulus weiß um die Problematik und empfiehlt einen dreifachen Weg: den möglicherweise dahinter steckenden Geist Gottes nicht auszulöschen, die Prophetengabe nicht gering zu achten, alles zu prüfen und das Gute zu behalten. Es muß also nicht alles richtig sein, was ein Prophet sagt; denn der

Mensch ist oftmals ein getrübter Filter der göttlichen Weisungen; er kann irren, fehldeuten, eigenes hineinprojezieren.
Es ist festzustellen, daß die meisten Offenbarungen, die Gott an ausgesuchte Menschen richtet und durch sie der gesamten Menschheit vermitteln will, Erstarrtes aufbrechen, zur Umkehr aufrufen und zur ursprünglichen Glaubenstreue zurückrufen wollen. Maria macht genau das, was sie bereits bei der Hochzeit zu Kana machte. Sie weist auf die Wünsche ihres Sohnes hin und sagt: *"Tut, was er euch sagt!"*
Ich erinnere daran, daß die Kirche mehrfach in ihrer Geschichte aufgrund der sogenannten Privatoffenbarungen Gotteshäuser, Kapellen und Sozialeinrichtungen bauen ließ, weil Maria dies in ihren Botschaften so wollte. Auch hat sie das Fronleichnamsfest eingeführt, das die Muttergottes als besonderen Ausdruck der eucharistischen Anbetung und als Wiedergutmachung für die vielen Sakrilegien an die Seherin Juliana von Lüttich (+1258) herantrug. Ebenso wurde das Herz-Jesu-Fest eingeführt, mit dessen Bekanntmachung die Nonne Marguerite-Marie Alacoque (+1690) von der Gottesmutter beauftragt wurde.

Die wohl bekannteste und am meisten verbreitete Frucht einer "privaten" Mitteilung Mariens ist die "Wundertätige Medaille". Am 27.11.1830 erschien die Mutter Gottes der hl.Katharina Labouré während ihres Noviziats in Paris, in der Rue du Bac 140. Sie sagte zu ihr: **"Laß nach diesem Muster eine Medaille prägen. Die Personen, die sie tragen, werden große Gnaden erlangen. Die Gnaden werden überreich sein für die Personen, die sie mit Vertrauen tragen."** Kurz darauf genehmigte der Erzbischof von Paris, Msgr de Quelen die Prägung. Zahlreiche Heilungen und Bekehrungen sind seitdem dokumentiert.

Viele Menschen, auch protestantische Gläubige, tragen diese Medaille. Das bewahrt nun nicht automatisch vor Gefahren und Krankheiten. Ein solches Denken hätte magischen Charakter. Es ist sichtbares Zeichen des Glaubens, verbindet die Menschen untereinander und erinnert so ständig an das Versprechen der Treue Gott gegenüber. Die zugesagten Gnaden werden sich oft viel später erkennen lassen.

Bei fast allen Sehern und Seherinnen kündigt sich Maria mit einem Blitz an, den nur sie sehen können (Medjugorje, Maracaibo, Schio....) Manchmal ist ihr Erscheinen mit einem wohlriechenden Rosenduft verbunden, den auch die Umstehenden riechen können (Schio, Giubiasco bei Bellinzona). Bekannt ist das Phänomen der weinenden oder blutenden Madonnastatuen in über 1oo Orten der ganzen Welt (die meisten in Kolumbien, Brasilien, USA), der ölschwitzenden Marienbilder (Kairo, Damaskus). Seltener ist auch sphärische Musik zu vernehmen.
Nicht alles, was sich auf der Welt als himmlisches Phänomen präsentiert, ist echt. Maria sagte einmal: "Ich bin nicht immer da, wo ich angeblich bin" (Maracaibo 1995). Es gilt zu unterscheiden zwischen krankhaften, neurologisch und psychisch bedingten Wahnvorstellungen (Halluzinationen), wunsch- oder angstbesetzten Verkennungen realer Vorgänge (Illusionen), technisch bedingte Manipulationen (Betrug), hypnotisch bedingten Vorgängen (Massensuggestion) und Erscheinungen dämonischer Wesen als "Engel des Lichts" (Täuschung durch eine dämonische Vision). Alle fünf Varianten sind bereits vorgekommen.

Es liegt in der Natur der Sache, daß niemand freiwillig und begeistert die Rolle eines Propheten übernehmen will. Zuviel Ängste stehen im Weg: Was denken die Leute? Keiner wird mir glauben. Alle halten mich

für einen Spinner. Wer immer nach dieser Rolle drängt, macht sich verdächtig. Denn alle Visionäre, Propheten und Mystiker ernteten Spott, Ablehnung und heftige Kritik aus den eigenen Reihen. Wer immer von Gott gerufen wird, drückt sich erst einmal. Das ging dem Jonas nicht anders als dem Elias, dem Ezechiel nicht anders als dem Jeremias. Und was mit Johannes dem Täufer passierte, ist bekannt.
Echte Propheten leiden fürchterlich unter diesem Auftrag, Gottes Wünsche und Warnungen weiterzugeben. Vielleicht ist das einer der Gründe, weshalb sich der Himmel die "Kleinen" und "Ungebildeten" aussucht. Wo ist je bekannt geworden, daß ein Akademiker, gar noch ein Theologieprofessor, eine Marienerscheinung mit einem prophetischen Auftrag hatte?! Die Naivität der Seher ist womöglich ein starker Schutz gegen den Vorwurf der Manipulation. Denn mangelnde Intellektualität und ekstatische Zustände während der Erscheinung machen eine kritische Selbstbeobachtung, die zur Manipulation erforderlich ist, unmöglich.

Was auffällt an den Offenbarungen im letzten Jahrhundert sind deren apokalyptische Züge. Dabei werden immer wieder auch Aussagen Jesu aufgegriffen und ergänzt; es geht in zuspitzender Weise um Warnungen und Hinweise auf bevorstehende Katastrophen, wenn die Menschen nicht zu Gott zurückfinden und die alten Wahrheiten der Kirche leben. Insofern die Botschaften zurückrufen zu einer traditionell geprägten Glaubenspraxis kann man sie konservativ nennen. Konservare bedeutet bewahren. Es geht um die Bewahrung des Bewährten, wobei die Gottesmutter sich nicht scheut, auf Details hinzuweisen. So bittet sie darum, das seit dem Konzil weggefallene Gebet zum hl.Michael wieder zu beten, jeden Monat beichten zu gehen, täglich den Rosenkranz zu beten und unbedingt dem Papst zu gehorchen. Sie empfiehlt sehr eindringlich das Fasten, das Gebet für die Verstorbenen und äußert sich tief besorgt um die Abtreibungen, den schwindenden Glauben an die wirkliche Existenz ihres Sohnes in der Eucharistie. Sie weist weinend auf die kommenden Ereignisse hin, die aufgrund der wenigen Beter verkürzt, aber nicht mehr verhindert werden können: Kriege, Verfolgung, Naturkatastrophen. Am Ende aber wird Gott siegen, und die Menschen finden zurück zum Glauben.

Kirchliche Stellungnahmen

Was die Anerkennung von Erscheinungsorten betrifft, so hält sich die Kirche sehr bedeckt und abwartend. In dieser Beziehung hat sie Geduld, und das ist gut so. Denn was von Gott kommt, wird sich durchsetzen; was vom Menschen kommt, hat keinen Bestand. Im allgemeinen nimmt die Kirche eine mittlere Position ein, d.h. sie wird weder direkt anerkennen noch verurteilen; es sei denn, die Sachlage ist eindeutig. Nach gründlicher Prüfung der geistlichen Früchte wird sie den Erscheinungsort als Gebetsstätte akzeptieren, ebenso die Botschaften, sofern sie der kirchlichen und biblischen Lehre nicht widersprechen.
Entscheidend sind nicht die Wunder vor Ort, auch nicht die mögliche Erscheinung Mariens als solche, sondern allein der Inhalt der Botschaften und die Entfaltung des religiösen Lebens, das auf jeden Fall kirchlich eingebunden sein muß. Sobald diese abtriftet in eine sektiererische oder antikirchliche Strömung, ist das Todesurteil gesprochen.
Die Privatoffenbarungen dienen nicht als Vervollkommnung der göttlichen Offenbarungen durch Jesus, sondern lediglich als Hilfen, den Glauben tiefer und

konkreter zu leben. Insofern gehören sie nicht zum Glaubensgut; d.h. keiner ist verpflichtet, sie zu glauben. Daraus leitet sich keineswegs eine Notwendigkeit ab, sie abzulehnen. Er muß sie nicht akzeptieren, kann sie aber tolerieren.

Weil Privatoffenbarungen sich einer objektiven unmittelbaren Bestätigung entziehen, können sie nur über die Seher selber überprüft werden. Hier gilt das Maß der Wahrscheinlichkeit, das nie den Grad der Gewißheit erreicht. Die Kirche nimmt nicht Stellung dazu, ob Maria beispielsweise tatsächlich da und dort erschienen ist. Dem Gläubigen ist es freigestellt, daran zu glauben. Sie nimmt nur Stellung zum Inhalt der Botschaften. Wenn jemand behauptet, Maria sei ihm erschienen und habe ihm gesagt, die Menschen sollen ihre Sünden bereuen und umkehren, dann zählt allein, daß sich diese Botschaft mit den biblischen Aussagen deckt. Selbst wenn der Papst seine private Sympathie für einen Seher zeigt, bedeutet dies nicht, daß der Seher tatsächlich eine Erscheinung hatte.
Der bekannte Mariologe René Laurentin meint, daß Untersuchungskommissionen eher abträglich sind, da sie allzusehr verkopft und ablehnend ans Werk gingen. Er hält nicht viel von "offiziellen" Anerkennungen. Viel wichtiger ist die Reaktion des Volkes, das dafür eine bessere Nase hat als studierte Theologen. Die oben erwähnte Wundertätige Medaille ist ja auch nie offiziell anerkannt worden, hat aber ihren Platz auf der ganzen Welt.

Die hier genannten Erscheinungsorte sind bis zur Stunde (1999) nicht kirchlich anerkannt worden. Fehlende Anerkennung heißt aber nicht Aberkennung. Solange die Erscheinungen andauern, wird sich die Kirche zurückhalten. Kein Anwalt oder Richter wird in ein laufendes Verfahren eingreifen. Letztlich wird die gesunde Volksfrömmigkeit selber herausfinden, wo es langgeht. Daß auch bei den wenigen anerkannten Orten wie Fatima, Lourdes oder Banneux Menschen mit einer pathologischen Frömmigkeit anzutreffen sind, mindert weder die Bedeutung des Ortes noch die guten Früchte.

Es wäre fatal, erst dann auf die Worte Mariens zu hören, wenn sie sozusagen kirchlich abgesegnet werden. Dann könnte es zu spät sein. Auf sie zu hören und sie zu leben ist nie falsch, selbst dann nicht, wenn sich die Erscheinungen später als unecht herausstellten.

Was Medjugorje betrifft, so liegt eine Stellungnahme der jugoslawischen Bischofskonferenz vor. Am 1o.April 1991 stellte sie offiziell fest: "Non constat de supernaturalitate", d.h. *die Übernatürlichkeit der Erscheinungen steht (noch) nicht fest*. Es läßt sich noch keine Entscheidung treffen. Als Wallfahrtsort aber ist Medjugore anerkannt worden.

Wichtig ist auch die Vorrangstellung Jesu. Maria darf nicht im Zentrum des Geschehens stehen; es geht immer um ihren Sohn Jesus. In ihren Botschaften weist sie ständig darauf hin. Deshalb muß sich die Verehrung Mariens deutlich unterscheiden von der Anbetung ihres Sohnes.

Interessant ist im übrigen der Hinweis vieler Theologen, daß nicht alles wahr und richtig ist, was Seher sagen oder als Botschaft Mariens wiedergeben. Manche Irrtümer seien einfach Fehlübersetzungen oder falsch verstandene Katechismussätze, die vom Seher selber in die Botschaft eingeflochten würden. Gewiß ist das Problem der Übersetzungen zu bedenken; da kann schon eine Kleinigkeit zu schiefen Aussagen führen. Ob es heißt: "....für viele ist es dann zu spät" oder "....für manche kann es dann zu spät sein" ist eben doch ein Unterschied. Dennoch halte ich manche Kritik aus den Reihen der Fachtheologen für überzogen. Fehler in der Weitergabe übernatürlicher Impulse sind nie ein Hinweis für die Unechtheit einer Erscheinung. Was vor allem als "geschmacklos" kritisiert wird, ist die Aussage, die z.B. Lucia in Fatima vom Engel gehört haben will, daß die Menschen der Dreifaltigkeit nicht nur Leib und Blut, sondern auch Seele und Gottheit unseres Herrn Jesus Christus aufopfern sollten.

Bekannt und anerkannt ist die polnische Ordensfrau Helena Kowalska, die als Sr.Faustine 1931 mehrere Erscheinungen Jesu hatte, der sie den Barmherzigkeitsrosenkranz lehrte. Für jede große Perle sollte sie beten: **"Ewiger Vater, ich opfere dir auf den Leib und das Blut, die Seele und die Gottheit deines geliebten Sohnes, unseres Herrn Jesus Christus, um Verzeihung zu erlangen für unsere Sünden und die Sünden der ganzen Welt."** Hat sie diesen Text von Fatima übernommen oder hat die Gottesmutter ihn ihr wirklich diktiert oder hat sie die Worte eigenmächtig hinzugefügt? Auch der Seher José Luis Matheus Barboza in Venezuela erhielt ein ähnliches Gebet von Maria am 1.6.93. Theologisch bleibt die Frage offen, wie man Gott seine eigene Gottheit aufopfern soll? Oder aber es liegt ein anderes, erweitertes Verständnis des Opferbegriffs vor.

Andere Theologen empören sich über die Tatsache, daß die Päpste Pius XII und Johannes Paul II Rußland dem Unbefleckten Herzen Mariens weihten, weil das Land nur so gerettet werden könne. Pius XII tat dies erst 1952 aufgrund eines Wunsches der Muttergottes in Fatima und unter Drängen der noch lebenden Seherin Lucia, und Johannes Paul II vollzog diese Weihe 1984, und zwar aufgrund einer wiederholten Bitte Mariens in Medjugorje. Besagte Theologen halten dies für Unsinn und fragen sich, wieso eine Weihe ein ganzes Land retten kann. Was hindert uns daran zu glauben, daß Gott seine eigenen Pläne und Wünsche hat, die nicht in unseren Verstand passen, wenn nicht eben dieser beschränkte menschliche Geist?

Kriterien der Echtheit

Man muß nicht ein Wunder annehmen und einfordern, um die Echtheit einer Erscheinung zu bestätigen. Denn dann müßte erst einmal das Wunder wieder als echt geprüft werden. Es bleibt letztlich dem Glauben überlassen, und der will bestimmte Kriterien erfüllt sehen, um sich für oder gegen eine Echtheit entscheiden zu können.
Der Nachweis einer göttlichen Ursache ist schwierig, zumal sich im paranormalen Bereich ähnliche Ereignisse vollziehen wie im religiösen. Deshalb ist erst im nachhinein eine Bewertung möglich und zwar aufgrund der geistlichen Früchte. Wesentlich ist der Charakter der Seherpersönlichkeit. Wer seinen eigenen Visionen zunächst einmal kritisch gegenübersteht und bereit ist, sich einer Prüfung zu unterziehen, erfüllt schon ein wichtiges Kriterium. Ist bei ihm eine Vertiefung seines Glaubens, eine stärkere Bindung an die Kirche und Gehorsam seinem Seelenführer gegenüber zu beobachten, erfüllt er ein weiteres Echtheitskriterium. Übersteht er im weiteren Verlauf alle Anfechtungen, Verhöre, Verleumdungen, dabei im Glauben Trost und Kraft findend, frei von Dünkel oder verbissener Durchhaltetaktik, wird seine Glaubwürdigkeit verstärkt.
An allen hier beschriebenen Orten kommen Krankenheilungen vor, zahlreiche Bekehrungen sowie

Befreiungen von dämonischen Gebundenheiten, manchmal lautstark und in beeindruckender Weise. Es ist, als ob der Dämon diesen geweihten Ort nicht ertragen kann.
Natürlich mischen sich auch unechte Heilungen und inszenierte Befreiungen darunter. Deshalb ist es gut, diesen Vorfällen keine Beachtung zu schenken. Ich staune immer wieder darüber, wie normal und gelassen sich die Pilger benehmen, wenn derartige Szenen vorkommen. Man nimmt sie wahr und geht zur Tagesordnung, sprich: zum Gebet über.
Die gesamte Atmosphäre vor Ort läßt den bodenständigen Besucher spüren, ob hier der Geist Gottes weht oder nicht. Vor allem: Ist Einheit unter den Einwohnern da? Unter den Priestern am Ort? Verändern sich gewisse negative Verhaltensweisen? Von Medjugorje weiß man, daß früher sehr viel geflucht wurde; seit den Erscheinungen ist das kein Thema mehr. Von anderen Orten ist bekannt, daß sich der Ortspfarrer vom anfänglichen Gegner der Erscheinungen zum Befürworter wandelte, nachdem er die positive Veränderung der Gemeinde spürte.

All das ist nicht Menschenwerk. Kritiker von Medjugorje sagen, daß die täglichen Erscheinungen seit 20 Jahren nicht echt sein könnten. Begründung: Die Muttergottes sei noch nie irgendwo so lang erschienen. Und außerdem wiederholten sich die Botschaften in einer ermüdenden Langeweile. Dagegen ist zu halten, daß sich gerade in der Schlichtheit und ständigen Wiederholung die Echtheit zeigt. Der Himmel kümmert sich nicht darum, wie er bei den Menschen "ankommt". Wenn das alles Menschenwerk wäre, fielen die Botschaften "interessanter" aus, verlockender und werbeträchtiger. Und selbst dann würde es nicht 20 Jahre lang halten.

So sind die Schlichtheit, die Freundlichkeit der Worte, aber auch die Verbindlichkeit des Inhalts, auch der Hinweis, die Botschaften endlich zu leben, statt immer nach Neuigkeiten zu fragen, Indizien für eine Glaubwürdigkeit des Geschehens.
Es fällt auf, daß an fast allen Erscheinungsorten geistliche Berufungen geweckt werden, sogar neue religiöse Gemeinschaften und Gebetsgruppen entstehen. Niemanden stört es, wenn man vor den Beichstühlen geduldig warten muß, wenn die Gottesdienste und Gebete mehrere Stunden andauern, wenn es regnet oder tropisch heiß ist, wenn jemand schreit oder weint, wenn das Evangelium in mehreren Sprachen vorgetragen wird. Es herrscht der Geist der Einheit, des Friedens, der Liebe. Man stelle sich einmal vor, wie es zu Hause in den Heimatgemeinden aussieht, wie rasch dort Unmut geweckt wird und wie sehr ein jeder darauf achtet, einen guten Eindruck zu machen.

Natürlich müssen die Früchte auch zu Hause wachsen. Wieweit haben die Botschaften Mariens Einfluß auf das tägliche Leben? Manchmal sagen die Verwandten oder Freunde: "Seit du in .... gewesen bist, spinnst du!" Sie kritisieren vielleicht eine übertriebene Frömmigkeit, das Aufstellen von Heiligenbildern, die häufigen Gottesdienstbesuche und die Tatsache, daß sich am Charakter trotz allem nichts geändert hat. Die Mitmenschen beobachten kritisch den Frommen. Einerseits suchen sie Fehler, um sich selber freizusprechen von der Notwendigkeit einer Umkehr, andererseits bewundern sie ein bißchen den Mut ihres bekehrten Mitmenschen. Wie dem auch sei, Umkehr braucht Zeit. Da muß zuerst noch viel Eiter aus der Wunde. Wer die Pädagogik Gottes ernst nimmt, wer also bemüht ist, die Botschaften Mariens zu leben, muß zu Hause mit Widerstand rechnen, mit Mißtrauen, aber auch mit Ängsten. Denn kaum einer wird heute noch ein religiöses Umfeld vorfinden, das ihn freudig unterstützt und im Gebet begleitet. Das Belächeln ist das Normale, das Unverständnis das tägliche Brot.

Leider gibt es immer wieder auch Christen mit einer ungesunden, abschreckenden Religiosität. Wer die Botschaften Mariens für sich geltend macht und zu leben versucht, sollte nicht die Menschen mit missionarischem Übereifer bedrängen oder gar mit Höllenstrafen bedrohen. Er darf auch nicht seine Gebetspraxis derart ausüben, daß er seine gewöhnlichen Pflichten vernachlässigt. Manche üben auf ihren Pfarrer Druck aus, er möge doch dies und jenes einführen, ändern, befürworten oder öffentlich verbieten, so als ob dies geradewegs der Wunsch der Gottesmutter wäre.
Der Gehorsam und die demütige Zurücknahme seiner Person sind wichtige Hinweise auf Echtheit. Keiner muß den Glauben machen; er muß ihn nur existentiell bezeugen.

Die Stellung Mariens in der Lehre der Kirche

Wenn die Gläubigen Maria anrufen, betreiben sie weder Spiritismus noch Anbetung. Sie verehren sie als die Mutter ihres Herrn. Wie sollte man auch die Mutter des besten Freundes nicht ehren dürfen! Es ist die Zuneigung der Kinder zu ihrer geistlichen Mutter. Stets muß die Anbetung des dreifaltigen Gottes Vorrang haben und Jesus als der einzige Mittler zwischen uns und seinem Vater betrachtet werden. Das Zweite Vatikanische Konzil weist darauf hin, daß die Verehrung der Christen für die Jungfrau Maria den

Kult, der dem menschgewordenen Gott dargebracht wird, sehr fördert. (Vgl. Lumen gentium, 66) Mit der Erklärung Mariens zur Gottesmutter beim Konzil zu Ephesus (431) und Chalcedon (451) wurde der Glaube an Christus als wahren Gott bestätigt.
Tatsächlich zeichnen sich marianisch geprägte Christen durch besondere Treue zu ihrer Kirche aus, durch eine deutliche Bemühung, die religiösen Wahrheiten und Traditionen zu wahren, durch ein aktives Gebetsleben. Sie haben auch ein größeres Unterscheidungsvermögen und spüren genau, wo es nicht mehr nach dem Willen Gottes zugeht. Sie sind es, die in den Gemeinden die eucharistische Anbetung fördern und Gebetsgruppen aufbauen. In den vielen Botschaften fällt auf, daß Maria immer wieder Papst Johannes Paul II. als ihren "geliebten Sohn" bezeichnet und bittet, auf ihn zu hören.
Maria ist die einzige unter den Heiligen, die einen universalen Auftrag besitzt. Er ist in ihrer Mittlerschaft als Mutter Christi und Mutter der Kirche gelegen. Wenn sie jetzt so oft erscheint und zur Umkehr drängt, dann geschieht dies im Auftrag Gottes und ist Zeichen der Hoffnung auf die Vollendung, d.h. auf das Kommen ihres Sohnes. Sie bringt keine neuen Offenbarungen, sondern bestätigt die alten, macht sie geltend.

Die Kirche muß die Flut der Phänomene prüfen. Dabei geht es nicht allein darum, das Übernatürliche zu bejahen oder zu verneinen, sondern vor allem darum, das Gute zu behalten und die Früchte zu fördern. Hier beklagen viele Christen pastorale Versäumnisse und fehlende Unterstützung durch Pfarrer und Bischof. Wo aber eine kirchlich eingebundene Führung fehlt, wo also Priester nicht bereit sind, marianische Gruppierungen zu begleiten, Visionäre und deren Botschaften wenigstens anzuhören, be-

steht die Gefahr eines geistlichen Wildwuchses und Abgleitens ins Sektiererische.
Einerseits suchen viele Menschen nach Zeichen zur Bekräftigung ihres Glaubens, andererseits werden sie abgelehnt bzw. falsch gedeutet. Hier gilt das Wort Jesu: *"Warum könnt ihr die Zeichen der Zeit nicht deuten?"* (Lk 12,5o) Wo man mit religionssoziologischen oder rein psychologischen Erklärungen kommt, wird die Bedeutung dieser Phänomene relativiert und entwertet. Die Kirche lebt aber auch im wesentlichen von den sogenannten "Kleinen", die mit kindlichem Glauben ihre Berufung leben und aufgrund ihres tiefen Sündenbewußtseins eine starke Erlösungsbedürftigkeit haben. Es fällt auf, daß Papst Johannes Paul als marianischer Papst einen hohen Anteil junger Menschen unter seinen Fans hat. Es wäre zu naiv, diese Jugendlichen allesamt für altbacken und weltfremd zu halten. Im Gegenteil: Ich darf mit gutem Grund und mit moralischer Gewißheit sagen, daß die Erneuerung des Glaubens und der Kirche von dieser Jugend ausgeht. Sie hat nicht die Masse hinter sich; sie ist aber das Salz, von dem Jesus spricht. Es gibt sogar Gebetsgruppen, die von der Mutter Gottes selber geführt werden, indem sie über ihre Seher und Seherinnen Anweisungen gibt.

Die evangelische Position

Unsere evangelischen Mitchristen tun sich schwer mit der Marienverehrung. Gleichwohl gibt es evangelische Marienschwestern, entstanden aus einem Darmstädter Mädchenbibelkreis. Martin Luther war gegen Wallfahrten, die er für Versuchungen des Teufels hielt und für die er keine Grundlage im Neuen Testament fand. Doch konnte er sich nicht gegen die

Praxis des Volkes durchsetzen; Wallfahrten, Läuten der Glocken, Prozessionen und das Aufstellen von Heiligenbildern wurden weitgehend aufrechterhalten.

Erst mit Calvin kam die radikale Verwerfung jeglicher Bilder- und Heiligenverehrung, die von der Gegenreformation wieder rückgängig gemacht wurde. Zurückblieb jedoch bei den protestantischen Christen eine ablehnende, mindestens aber ambivalente Haltung der Heiligen- und speziell der Marienverehrung gegenüber, in der sie ein Wegrücken von Gott als dem Zentrum allen Glaubens sahen. Was ihnen geblieben ist, sind die biblisch bezeugten Marienfeste wie Mariä Reinigung, am 2.Februar, Verkündigung des Herrn, am 25.März, und Heimsuchung Mariens, am 2.Juli. Maria gebührt ehrende Zuneigung, keine bittende Anrufung. Inzwischen mahnen einzelne Theologen die gemeinsame christliche Bedeutung Marias wieder an.

Im Jahr 1995 schrieben lutherische Theologen in Argentinien ein beachtliches Dokument, das in der Zeitschrift MARIA HEUTE vom 2.5.95 veröffentlicht wurde:

"Gott allein kann bewirken, daß Maria durch Erscheinungen zur Welt spricht. Laufen wir nicht das Risiko, einem verhängnisvollen Irrtum zu verfallen, wenn wir diesen Realitäten gegenüber die Augen verschließen?...Sind nicht all diese Fakten ein unleugbarer Beweis für die entscheidende Rolle, die Maria zu spielen hat, indem sie uns heute zu unserer Rettung aufruft?..Es wäre der Gipfel der Gewissenlosigkeit, die Stimme Gottes, die durch Maria zur Welt spricht, nur deswegen zu ignorieren, weil er seine Stimme durch die katholische Kirche hören läßt.
...Wir dürfen diese Fakten nicht länger ignorieren; denn das Unheil steht vor unseren Türen.

Für die leitenden Stellen der Lutherischen Kirche und für die übrigen christlichen Gemeinschaften ist es in irgendeiner Weise eine dringende Pflicht, diese Fakten zu prüfen...
Durch die Erstickung des Kultes der Jungfrau Maria im Herzen der Evangelischen sind die zartesten Gefühle der christlichen Frömmigkeit zerstört worden. Maria kündigt in ihrem Magnifikat an, daß alle Generationen sie seligpreisen werden bis ans Ende der Zeiten. Wir stellen nun fest, daß diese Prophezeiung daran ist, sich in unserer so traurigen Zeit mit nie gekannter Macht in der katholischen Kirche zu erfüllen. In der evangelischen Kirche ist diese Prophezeiung so sehr in Vergessenheit geraten, daß man kaum noch Reste davon findet.....
Wir müssen daraus alle notwendigen Schlüsse ziehen."

Gegenwärtige Erscheinungsorte

Die Auswahl der folgenden Orte erfolgte allein aufgrund der Tatsache, daß hier die Marienerscheinungen noch andauern, wenngleich bei einigen die öffentlichen Botschaften aufgehört haben. Es sind bekannte Orte mit Sehern, die von Seiten der Kirche geprüft und begleitet werden. Die Pilger kommen aus aller Welt, und die Früchte sind äußerst beeindruckend. In allen Botschaften äußert Maria immer wieder die gleichen Wünsche und Sorgen; manchmal bezieht sie sich auf die anderen Erscheinungsorte und stellt so eine geistliche Verbindung her. Ein weiterer Grund für die vorliegende Auswahl liegt in der Verfügung des Materials; es gibt noch weitere Orte, aber nicht alle aktuellen Erscheinungsorte sind so gut dokumentiert. Alle Erscheinungen begannen an diesen Orten in den achtziger Jahren.

Medjugorje / Jugoslawien

Am 24.Juni 1981 zeigt sich die Mutter Gottes, hier Gospa genannt, sechs Kindern am Podbrdo, einem unwegsamen, steinigen und dornigen Hügel in Medjugorje. Dieses kleine Dorf liegt ca 3o km westlich von Mostar, in der Herzegowina. Die Kinder hüten gerade Schafe, andere gehen spazieren, als sich eine leuchtende Gestalt über dem Boden schwebend zeigt. Zunächst sehen die 15jährige Ivanka Ivankovic, die 16jährige Mirjana Dragicevic, die 17jährige Vicka Ivankovic und der 16jährige Ivan Dragicevic die schöne Frau, die ein Kind auf den Armen hält.
Aufgeregt laufen sie nach Haus; natürlich glaubt ihnen keiner. Am nächsten Tag gehen sie alle wieder zum Berg und nehmen die 16jährige Marija Pavlovic und den 10jährigen Jakov Colo mit, auch eine Frau geht mit. Sie erblickt zuerst die Gestalt und fordert die Kinder auf, zu ihr hinzugehen, da sie ein Zeichen gibt. Die Kinder laufen mitten durch das dicke Dornengestrüpp, ohne sich zu verletzen; es scheint als schwebten sie.
Von nun an überstürzen sich die Ereignisse. Am dritten Tag erscheint die Gospa wieder und sagt unter Tränen: **"Frieden, Frieden, Frieden; zwischen Gott und Mensch soll wieder Friede herrschen!"** Damit ist das entscheidende Wort für das nun kommende "Programm" gefallen: Frieden. Im weiteren Verlauf stellt sich die Gospa vor als "Königin des Friedens" und gibt verschiedene Botschaften an die Kinder, aber auch an die Welt. Allen Kindern verspricht sie zehn Geheimnisse; sie bittet um viel Gebet und Opfer, um Fasten, Rosenkranzgebet, Beichte.

Der Strom der Pilger schwillt an; der Pfarrer und die dort ansässigen Franziskaner ringen um Klarheit und sehen sich einer Hetzkampagne durch die Behörden und auch später durch den Ortsbischof ausgesetzt. Die Polizei verhört die Kinder und steckt den Pfarrer Jozo Zovko für eineinhalb Jahre ins Gefängnis. Es folgen ärztliche und psychologische Untersuchungen der Kinder, weitere Verhöre - doch man findet nichts Unglaubwürdiges, nichts Krankhaftes, nichts Konstruiertes. Im Gegenteil: sogar die beiden atheistischen Sozialarbeiterinnen, die die Kinder per Bus abholten, um sie wohl von der Erscheinung fernzuhalten, erleben eigenartige Dinge und bekehren sich. Täglich haben alle sieben Kinder Erscheinungen, zuerst in der Kirche, dann im Pfarrhaus, dann auf der Empore der Kirche, auch zu Hause und immer dort, wo sie gerade sind. Sie erhalten Botschaften, die ihr eigenes Leben betreffen. Jeden Donnerstag gibt die Gospa der Marija Pavlovic eine Botschaft mit für die ganze Welt. Später dann, ab 1987, richtet sie ihr Wort an die Öffentlichkeit immer am 25.eines Monats. Die Botschaften haben den dringenden Aufruf zur Bekehrung zum Inhalt, die Bitten um Gebet und um Treue zur Kirche, um Rückkehr zu einer wahren Frömmigkeit.

Viele Heilungen sind bezeugt, darunter die medizinisch beglaubigte Heilung von Frau Diana Basile, die zwölf Jahre lang an MS erkrankt war. Zahlreiche Zeichen am Himmel und am Kreuzberg wurden von den Pilgern gesehen, ein Sonnenwunder sogar vom anwesenden französischen Priester René Laurentin auf Video gebannt. Das Wort MIR (Friede) leuchtete stundenlang am Himmel; einmal schien das vier Meter große Zementkreuz auf dem Kreuzberg in rotem Licht zu glühen und sich zu drehen; auf vielen Fotos, die man einfach in den Himmel hinein machte, ist Maria zu sehen. Eine Fülle seltsamer Ereignisse und glücklicher Fügungen wird von den Pilgern, auch von Nichtgläubigen berichtet.

Der Pilgerstrom ist bis heute stetig gewachsen; vor allem Jugendliche aus der ganzen Welt finden sich hier ein, auch hochrangige Politiker, Bischöfe und Berühmtheiten aus dem Show-Geschäft kommen zum Gebet.
Die Gospa gibt auf die Frage der Seher, weshalb sie gerade zu ihnen komme, die Antwort: **"Ich suche nie die Besten, sondern Gläubige"** und **"Ich bin gekommen, um euch auf den rechten Weg zu führen. Das Volk soll sich bekehren, solange es noch Zeit dazu ist."** (26.Juni 1981). Später sagte sie: **"Der Glaube hat in vielen Ländern sehr abgenommen, besonders in Deutschland, der Schweiz und Österreich."**

Wer alle zehn Geheimnisse erhalten hat, sieht die Gospa nur noch einmal jährlich an seinem Geburtstag. Das hat Maria den Kindern versprochen. Heute (1999) haben nur noch Vicka, Marija und Ivan täglichen Besuch von der Gospa. Da sie neun Geheimnisse bereits mitgeteilt bekamen, werden die Besuche wohl bald aufhören.
Medjugorje hat sich zum größten Beichtstuhl der Welt entwickelt. Hier finden stille Bekehrungen statt, manchmal herzzereißende Szenen der Umkehr und Buße; hier ist es selbstverständlich, daß jedermann mit dem Rosenkranz in der Hand umherläuft und betet, ohne schief angesehen zu werden. Hier wird gemäß dem Wunsch der Gospa an jedem Mittwoch und Freitag bei Wasser und Brot gefastet, täglich der vollständige Rosenkranz gebetet (fünfzehn Geheimnisse) und die Eucharistiefeier in mehreren Sprachen gefeiert.
Und dennoch haben viele Theologen und Christen Vorbehalte. Warum? Sie können sich nicht vorstellen, daß die Gottesmutter seit so vielen Jahren täglich um 18.4o Uhr erscheint. Sie deuten dies eher als eine psychische Eigendynamik der Kinder, d.h. einmal begon-

nen, kommen die Seher da nicht mehr heraus; sie produzieren unter dem Druck der Pilger Visionen und Botschaften. Bedenken solcherart sind längst widerlegt. Noch nie wurden Seher so gründlich psychiatrisch und geistlich untersucht wie die Seher von Medjugorje. Kein Menschenwerk könnte 2o Jahre lang derartige geistliche Früchte hervorbringen wie sie in Medjugorje zu sehen sind. Selbst der Papst äußerte sich wiederholt positiv und meinte einmal: *"Heute hat die Welt den Sinn für das Übernatürliche verloren. In Medjugorje suchen und finden viele den Sinn wieder in Gebet, Fasten und in der Beichte."* (1.1.1989 bei einer Audienz mit Ärzten)

Ausgerechnet dort, wo die Gospa ständig vom Frieden spricht, bricht plötzlich der Krieg aus. Rundherum zerfällt alles in Schutt und Asche, nur Medjugorje nicht. Hier hält die Gospa ihre Hand drüber; selbst der serbische Pilot, der den Auftrag hatte, den Ort dem Erdboden gleichzumachen, findet Medjugorje nicht. Er wird abgeschossen und gibt an, daß Wolken die Sicht behinderten. Doch an diesem Tag war der Himmel über Medjugorje wolkenfrei. Später fallen zwei Bomben in den Ort, detonieren aber nicht. Während der ganzen Kriegszeit ist der Strom der Pilger nicht abgebrochen.

Was Medjugorje auszeichnet, sind die vielen geistlichen Berufungen, die hier geweckt werden. Das hat auch der Wiener Kardinal, Erzbischof Schönborn, festgestellt. Ich selber habe dort die Berufung zum Ordenspriester erhalten, obgleich ich nie in einen Orden gehen wollte. Zwar hat die Gospa den Sehern anfänglich empfohlen, einen geistlichen Beruf zu ergreifen, doch sind inzwischen alle verheiratet, ausgenommen Vicka. Die Gospa ist darüber nicht enttäuscht **"Ich verneige mich vor der Freiheit des Menschen"** soll

sie einer Seherin gesagt haben, als diese angesichts ihrer Verheiratung einen Tadel der Gospa befürchtete. Die Gospa hatte am 26.Oktober 1981 den Sehern ein Zeichen versprochen; es soll auf dem Erscheinungsberg, dem Podbrdo, sichtbar werden, und zwar dauerhaft, unzerstörbar und für jeden sichtbar. Die Seher wissen bereits das Datum, werden es aber erst ein paar Tage vorher bekanntgeben. Sobald das Zeichen kommt, werden die Erscheinungen der Gottesmutter aufhören.
Die jugoslawische Bischofskonferenz hat am 1o.April 1991 erklärt, daß die Übernatürlichkeit der Ereignisse in Medjugorje (noch) nicht feststehe. Sie hat den Ort aber als Gebetsstätte anerkannt und eine pastorale Fürsorge empfohlen angesichts des wachsenden Pilgerstroms.

Kureščєk / Slowenien

Franz Špelič wurde 1927 in Šmavern, Slowenien, geboren. Er erlebte eine harte und arme Kindheit, kam mit 12 Jahren zu einem Bauer in Zogorici, wo es ihm recht gut ging, abgesehen von einer strengen und kommunistisch geprägten Schule. 1940 begann er in Slap, bei Laibach, als Holzknecht zu arbeiten und erlebte eine Zeit, die wohl die schlimmste seines Lebens war. Mit 15 Jahren wurde er Partisan und kämpfte gegen die italienischen Faschisten, wurde verwundet und unterzog sich einer langwierigen ärztlichen Behandlung. 1946 begleitete er das Amt des Polizeikommandanten in Lukovica, heiratete als 18jähriger Bursche eine um fünf Jahre ältere Witwe und begann einen verbissenen Kampf gegen Gott und die Kirche. Anschließend folgte die Offiziersschule, er kündigte sehr bald darauf seinen Posten

und wurde Volksschullehrer in Begunje. Dort sollte er 1954 seine Bekehrung erleben, und zwar durch die Lektüre der Hl.Schrift, die er bei einer alten Nachbarin fand und sich erbat. Immer mehr kam er zur Erkenntnis, daß es Gott gibt, gab jedoch seinen Gesinnungswandel niemandem preis; er fing an, heimlich zu beten.
Eines Tages tritt seine Frau aus der kommunistischen Partei aus, weil sie sich ungerecht behandelt fühlte; dies sah Franz Špelič als Fügung Gottes an, und auch er trat aus der KP aus. Es folgten lange und qualvolle Verhöre, die die alten Kriegswunden wieder aufbrechen ließen: der Unterkörper wurde gelähmt, und eine akute Herzmuskelentzündung stellte sich ein. Die Familie kam in arge Bedrängnis, weil die Rente bzw. die Krankengelder nicht ausbezahlt wurden. Die kommunistischen Freunde ließen ihn im Stich.

Nun beginnt die Suche nach Gott, nach einer religiösen Gemeinschaft. Franz hat Kontakt mit den Baptisten, Adventisten, Pfingstlern und mit den Altkatholiken in Cili. Doch er findet dort nicht das, was er sucht. Erst während der Teilnahme an einem katholischen Gottesdienst verspürt er etwas Besonderes. Er erkennt, daß nur die Priester in einer direkten Verbindung mit Christus stehen. Von da an wächst in ihm der Wunsch, Priester zu werden. Es vergehen Jahre und immer wieder erlebte er neue Enttäuschungen, da der Bischof nicht bereit ist, seinen Wunsch ernst zu nehmen. Mit 42 Jahren studiert er Theologie in Laibach, bricht wieder ab und setzt 1970 das Studium wieder fort. Da er nur standesamtlich verheiratet ist und keine eigenen Kinder hat, ist kirchenrechtlich der Weg zur Priesterweihe möglich; doch der Bischof sagt nein. Da wird seine Frau schwer krank: Multiple Sklerose. Er teilt dem Bischof mit, vom Wunsch, Priester zu werden, Abstand zu nehmen, um sich seiner kranken Frau zu widmen. Sie holen nun die kirchliche Trauung nach. Franz Špelič erhält plötzlich die Erlaubnis, die hl.Kommunion auszuteilen; er wird sogar am 24.Dezember 1984 zum Diakon geweiht, was ihm viele üble Nachreden und Anfeindungen einbringt.

Am 24. Dezember 1992 stirbt seine Frau. Nun steht der Priesterweihe nichts mehr im Weg. Franz Špelič, auch Smaverski genannt, wird am 21.November 1993 von Erzbischof Dr.Alois Sustar zum Priester geweiht.

Es ist 1988. Franz Špelič weilt in Medjugorje und betet den Kreuzweg. Plötzlich hört er eine Stimme: **"Du wirst eine Medaille der Gottesmutter, ein Kreuz und einen Teil eines Rosenkranzes finden. Dies wird der Beginn eines Lebensabschnitts sein."** Und dann am 10.Juni 1989 hat er die erste Erscheinung der Gospa: Špelič betet auf dem Podbrdo, dem Erscheinungshügel, als einen Meter über der Erde, auf einer Wolke schwebend, die Gottesmutter sichtbar wird und ihm aufträgt, bestimmte Botschaften weiterzugeben, andere für sich zu behalten und im übrigen sich dem Gebet und der Zurückgezogenheit zu widmen.

Bei der zweiten Begegnung am 9.Dezember 1989 fällt er zu Boden, ein Phänomen, das er seitdem bei allen Erscheinungen hat; denn Maria kündigt sich ihm nicht mit Blitz an, wie bei den Sehern von Medjugorje. Er fällt einfach hin, verweilt in Ekstase. Schließlich erhält er den Auftrag: "Geh auf den Kureščeк!" Seitdem lebt der Seher Franz Špelič dort , 25 km von Laibach entfernt, im ehemaligen Wallfahrtsort der "Königin des Friedens" und empfängt zahlreiche Ratsuchende und Notleidende. Viele Heilungen und Bekehrungen sind bezeugt.

Der Seher empfing inzwischen auch die Wundmale Christi und ist an den Rollstuhl gefesselt. Die Muttergottes hat ihm vorausgesagt, er werde viel leiden. Seit dem 24.September 1998 erhält Šmaverski keine Botschaften mehr, wohl aber weiterhin Erscheinungen. "**....Mit diesem Datum gehen meine Botschaften zu Ende...Zum Seher Šmaverski werde ich weiterhin noch kommen und ihn schulen.**" In den Botschaften geht es um Versöhnung, um die Weihe an die vereinten Herzen Jesu und Mariens, um die Erneuerung der Kirche.

Schio / Italien

In der norditalienischen Provinz Vicenza, wo sich die ersten Wellen der dolomitischen Voralpen erheben, liegt die Stadt Schio. Seit dem 25.März 1985 erscheint hier die Gottesmutter dem Diplomingenieur und Maschinentechniker Renato Baron (geb.1932). Sie fordert zu Gebet auf, zu Nächstenliebe und zu Umkehr. Vor allem junge Menschen zieht es nach Schio, zur Kirche San Martino, wo die Erscheinungen begannen, zum Monte di Cristo, wo Renato Baron ebenfalls Erscheinungen hat und zum Cenacolo, einer Kapelle, in der sich das duftende Holzkreuz befindet.
Renato Baron ist verheiratet, kinderlos. Zuletzt war er bei der Autobahngesellschaft in Piovene Rocchette beschäftigt, dann ging er 1989 in Pension. Er war mehrmals in den Gemeinderat von Schio gewählt worden und Stadtrat für öffentliche Arbeiten; daneben bekleidete er auch das Amt des Sekretärs einer Sektion der Democrazia Cristiana. Als er die ersten Erscheinungen hatte, begab er sich sofort in neurologische Untersuchung, die ihm jedoch geistige Gesundheit attestierte.
Schon als Junge hatte Renato eine besondere Beziehung zur Gottesmutter. Mit 19 Jahren pflegte er die

kleine romanische Kirche San Martino hinter dem Kapuzinerkloster und betete oft vor der Statue der Rosenkranzkönigin. In der Nacht zum 21.März 1985 hatte er einen Traum, der sich in den folgenden Nächten wiederholte. Beim dritten Mal erscheint ihm im Traum Maria mit den Worten: **"Warum kommst du nicht nach San Martino? Ich muß mit dir sprechen. Komm, besuche mich in deiner Kirche!"**

Renato begibt sich am 25.März dorthin, um zu beten. Plötzlich - er traut seinen Augen nicht - bewegt sich die Statue und spricht zu ihm: **"Von heute an wirst du jeden Tag kommen, denn ich muß mit dir über viele Dinge reden, du wirst sie aufschreiben...."**
Er ist völlig verunsichert. Seine Frau meinte, es könne eine Täuschung sein, vielleicht die Erscheinung einer Armen Seele. Er solle Weihwasser versprengen. Anderntags taucht er seine Hand in den Weihwasserkessel ein -, da fällt der Kessel zu Boden und eine Stimme sagt: **"Ich bin es, die dich segnen muß... Fürchte dich nicht. Es kommt der Tag, da viele mit dir zusammen hierher kommen werden, um zu beten. Andere werden dir nicht glauben, ertrage es und bete für sie."**

Am 2.April erklärt die Gottesmutter den Grund ihres Kommens. **"Ich greife ein, um den Willen des Vaters zu tun... Auch ihr müßt euch stets an ihn wenden, während die Welt ihrem Verderben entgegengeht..."** Dann, am 25.März 1986, trägt sie ihm auf, ein großes Haus für die alten und einamen Menschen zu bauen, das Opera dell´Amore heißen soll (Werk der Liebe): **"Ihr werdet ein großes Haus bauen... ich werde euch Helfer und Mittel schicken, um euch zu unterstützen... Eines Tages wird diese meine Statue in der Kapelle dieses Gebäudes stehen...Teile dies deinem Generalvikar mit."**

Renato Baron gibt seine Tätigkeit im Gemeinderat auf. Er spricht mit dem Pfarrer, der ihn für überspannt hält. Immer mehr Leute kommen und auch die versprochenen Helfer. Sie wollen das Haus bauen, die Botschaften verbreiten, wissen aber nicht, wie sich die Gottesmutter nennt. Am 28.November stellt sich Maria vor als die "Königin der Liebe" und wünscht, daß die Jugendlichen kommen und durch ihre Gebete das Böse in der Welt besiegen sollen. Tatsächlich entstehen rasch neue Gebetsgruppen; man zieht in Scharen zum Monte di Cristo, wo Renato Baron ein eisernes Kreuz aufstellen ließ; 14 Kreuze aus Akazienholz weisen auf den Kreuzweg Jesu hin. Am 19.8.1987, gegen 22 Uhr, erscheint Maria und sagt ihm: **"Lauf, lauf, man will in deinem Haus ein Sakrileg begehen!"** Renato weiß, daß es sich um das duftende Kreuz handelt. Alle laufen los zur Casa dell´Amore, sehen die offene Tür und - das Kreuz ist verschwunden. Sie folgen dem Duft und überraschen die Diebe.

Das Duftphänomen ist ein Charakteristikum für Schio. Nicht alle Pilger riechen es. Zuerst begann im November 1986 das Kruzifix aus dem Haus Renatos so stark zu duften, daß es in der ganzen Straße zu riechen war; dann duftete eine Keramikstatue der Madonna, danach die Madonnafigur in der Kirche San Martino. Schließlich begann das Kreuz der zweiten Kreuzwegstation zu duften; als Unbekannte es mit Klebstoff beschmutzten, wurde es mit Terpentin gereinigt, worauf sich der intensive Rosenduft auf die Reinigungslappen übertrug. Im weiteren Verlauf strömte Duft von einem Felsen und einer kleinen Quelle aus, danach von einem Rosenstrauch an der Wand des Glockenturms. Laboruntersuchungen ergaben keinerlei Zumischung von Duftsubstanzen.

Eines Tages, am 26.Juni 1990, als eine Gruppe Jugendlicher im Gebet mit Renato Baron waren, bemerkten alle einen überaus starken Duft in der Luft. Man folgte der Spur bis zu einer Akazie, grub dort so lange, bis man eine Tonkachel fand. Von ihr ging dieser starke Geruch aus. Nach der Reinigung der Kachel von 26 x 36 cm Größe wurde die Darstellung der Madonna mit Kind sichtbar. Von diesem Moment an war aller Duft rundherum verschwunden.
Natürlich gab und gibt es immer noch Angriffe gegen die Phänomene, gegen den Seher und seine Freunde. Doch alle Verdächtigungen und Unterstellungen konnten einwandfrei entkräftet werden. Mehrere Gerichtsverfahren endeten mit Freispruch. Auf diese Attacken weist auch die Gottesmutter wiederholt hin: **"...Die Mächte der Unterwelt sind am Werk, wie niemals in der Geschichte der Menschheit. Aber euer Werk ist göttlichen Ursprungs..."** (17.August 1988). Letztlich weist Maria bei all ihren Erscheinungen wiederholt auf den Sieg Gottes und der Kirche hin. Dennoch ruft sie eindringlich zur Umkehr auf, zur Buße und zum Glauben.

Maracaibo / Venezuela

Seit 1988 erscheint die Muttergottes zwei jungen Menschen in der zweitgrößten Stadt Venezuelas, der Hauptstadt des Bundesstaates Zulia. Es sind dies José-Luis Matheus Barboza (geb.1970) und Juan-Antonio Gil (geb.1970), der eine ein ehemaliger Luftikus, der aber immerhin das Rosenkranzgebet als Einschlafmittel benutzte, der andere ein melancholischer Junge, der unter der Scheidung seiner Eltern litt und sich allein durchschlagen mußte.

Am 8.September 1989 feierte José-Luis mit seinen Freunden eine Geburtstagsparty zu Ehren der Muttergottes; während des Rosenkranzgebetes hörte er eine zarte Stimme "Ya llegué" (Ich bin gekommen). Seine Freunde bemerkten seinen veränderten Zustand, sahen aber auch, wie sich zuvor eine junge, weißgekleidete Frau hinter ihn setzte und nach dem Gebet verschwand. José-Luis war über all dies verwirrt und wollte Klarheit. Er bekam sie durch weitere Zeichen, und ab da zeigte sich die Gottesmutter ihm regelmäßig. Sie nennt sich "Unsere liebe Frau von Guadalupe" und ruft zu einem christlichen Leben auf und zur Vorbereitung auf die Geheimnisse, die Maria und Jesus überall in der Welt ankündigen.

Juan-Antonio litt sehr unter seiner Einsamkeit und wollte sich mehrfach umbringen. Da erschien ihm im Traum eine weißgekleidete Frau und bemerkte: **"Mein Junge, meine Mutter, die auch deine Mutter ist, befindet sich in einem Gehöft. Geh sie suchen!"** Sechs Monate später, am 29.Mai 1988, pilgerte er zu einem Gehöft, wo eine Familienmutter angeblich Erscheinungen haben sollte, und verspürte mit einem Schlag keine Suizidwünsche mehr. Als er bei einer späteren Pilgerreise nicht genügend Geld hatte, um der Madonna Rosen zu schenken, schenkte ihm eine Frau vier verschiedenfarbige Rosen. In dem Moment, wo er die Rosen vor die Statue der Gottesmutter legen wollte, verschwand die weiße Rose in Gegenwart aller Anwesenden aus seiner Hand. Erschrocken ließ Juan-Antonio alle anderen Rosen fallen. Am Nachmittag forderte eine Pilgerin ihn auf, ihr zu folgen; sie habe die weiße Rose gefunden. Er und andere Leute sahen plötzlich die Rose in der Luft schweben. Juan-Antonio war sich augenblicklich der Existenz Gottes gewiß.

Nun begann er zu fasten und zu beten, und die Gottesmutter zeigte sich ihm einige Male, ohne aber etwas zu sagen. Sie nickte nur freundlich und verschwand dann wieder. Dann, am 26.Juni 1988, sprach sie ihn erstmals an: "Mein Junge, fahre fort, mich zu suchen!" Und später: **"Ich komme, um dich auf eine große Sendung vorzubereiten...Du wirst viel auf der ganzen Welt herumreisen und die Botschaft meines Sohnes Jesus und von mir bringen."** Juan-Antonio wurde dennoch von Zweifel gepackt und verlangte von der Erscheinung Klarheit. **"...Warum glaubst du nicht, daß ich es bin?....Ich verspreche dir, daß eines Tages in einer Gebetsgruppe du und alle Anwesenden mich sehen werden. Ich zeige dir nun, was die Sünde alles anrichtet."** Daraufhin wurde Juan-Antonio für kurze Zeit blind und aussätzig.

1989 kam es zur ersten Begegnung der beiden jungen Männer. Maria bat sie, ihre Kräfte zu vereinen und gemeinam ihren Aufruf an die Menschheit zu verbreiten. Von 1991 an erscheint Maria beiden öfters in der Woche. Weil manche Leute Angst haben, die Muttergottes würde den Weltuntergang ankündigen, betonen die Seher ausdrücklich, daß dem nicht so ist. Sie käme auf die Welt, um das Ende einer schuldbeladenen Ära und den Beginn einer anderen, der des Triumphes ihres unbefleckten Herzens, vorzubereiten. Dazu erbittet sie den häufigen Empfang der Eucharistie, die monatliche Beichte, ein Fasten bei Wasser und Brot, und zwar montags, mittwochs und freitags oder ersatzweise den Verzicht auf das Fernsehen, das tägliche Rosenkranzgebet und ein Leben aus dem Glauben heraus.

Im April 1993 kündigte Maria eine Katastrophe in den USA an, die am 1.Juli desselben Jahres eintrat; es war das schlimmste Hochwasser des Jahrhunderts:

der Mississippi trat über seine Ufer und machte Hunderttausende Familien obdachlos.
Inzwischen wurden auch diese beiden Seher einer gründlichen neurologischen Untersuchung unterzogen, und zwar von Dr.Philippe Loron, der auch die Seher von Medjugorje, Soufanieh und Kibeho untersuchte. Dr.Loron ist am neurologischen Zentrum des Pariser "La Salpetrière" tätig.

Am letzten Tag der Frankreich-Reise, am 26.Oktober 1997, vertraute Juan-Antonio dem Franzosen Xavier Reyes-Ayral diese Worte an: "*Weißt du, Xavier, die Jungfrau Maria hat zu mir gesagt, daß sich von Frankreich aus die ganze Welt bekehren werde...*"

Naju

Etwa 3o Kilometer von der Süd-West-Küste der südkoreanischen Halbinsel entfernt, liegt Naju in der Provinz und Diözese Kwangju. Dort weint - mit Unterbrechungen - seit dem 3o.Juni 1985 eine Muttergottes-Statue im Haus der Familie Youn. Tausende Besucher aller Konfessionen waren bereits dort, um sich von der Echtheit des Phänomens zu überzeugen. Manchmal sind es blutige Tränen.
Die Ehefrau und Mutter von vier Kindern, Julia (geb. 1946), war Friseurin; sie hatte eine schwere Kindheit, verlor im Korea-Krieg ihren Vater und Großvater und ihren kleinen Bruder, der im Alter von drei Jahren starb. Sie kränkelte oft und ergab sich, als unheilbar von den Ärzten entlassen, dem Schicksal, nicht ohne Suizidgedanken. Nur ihre vier kleinen Kinder erhielten sie am Leben. Erst jetzt fand sie zum katholischen Glauben, liest auf Anweisung einer Stimme, die sie im Traum ver-

nahm, die biblische Geschichte von der blutflüssigen Frau (Mt 9,2o ff) und wird selber noch während ihres Katechumenats geheilt. 1982 kehrten ihre Leiden zurück, die sie willig Gott aufopferte. Da erscheint ihr Jesus und zeigt ihr sein blutendes Herz. Von nun an ist Julia eine ständig Leidende, die sich intensiv dem Gebet widmet. Als sie eines Abends, es ist der 3o.Juni 1985, vor der Madonnastatue den Rosenkranz betet, sieht sie, wie Tränen aus deren Augen fließen. Das Weinen hält drei Monate an.
Das Leben der Familie gerät aus den Fugen; die Kinder wissen kaum noch, wo sie ihre Hausaufgaben machen können; der Ehemann Julio beginnt nun, sich ganz in den Dienst Gottes zu stellen und seine Frau zu unterstützen.

Vom 18.Juli 1985 an erhält Julia von Maria und Jesus Botschaften; darunter auch Mitteilungen an die ganze Welt. Die Muttergottes spricht vom entsetzlichen Schmerz, den sie selber verspürt angesichts der vielen Abtreibungen und angesichts der Gleichgültigkeit der Menschen gegenüber Gott: **" ..Eine große Anzahl von Seelen befindet sich wegen der Abtreibung auf dem Weg zur Hölle. Ich muß sie mit meinen Tränen aufrufen, um sie zu retten. Ich will sie durch dich retten, durch deine Opfer und deine Buße...Willst du das Leiden jener Babies teilen, die von ihren grausamen Eltern durch Abtreibung getötet werden?"** (12.Mai 1987)
Julia wird begleitet von Pater Spies und steht unter kirchlicher Beobachtung.
Während einer Eucharistiefeier am 16.Oktober 1987 fällt Julia in eine 8o Minuten anhaltende Ekstase und erhält am rechten Fuß ein Wundmal und Blut. Drei Monate später erleidet sie nochmals große Schmerzen; nun erscheinen die Wundmale in beiden Hand-

flächen, und im weiteren Verlauf nehmen die ekstatischen Momente und ihre Leiden zu.
Julia und ihre Familie sind in der Gemeinde sehr geschätzt; Priester unterstützen sie. Am 8.Dezember 1988 beginnt die Statue wieder zu weinen, diesmal blutige Tränen. Und am 29.Januar 1989 erhält Julia alle fünf Wundmale Christi und sechs Wunden auf der Stirn. Die Muttergottes ließ sie wissen, daß das Leiden durch Satan verursacht werde, der jedesmal tobt, wenn jemand sich ganz dem Herrn weiht, daß Gott aber dieses Leiden annimmt zur Bekehrung der Sünder.
Das meist blutende Weinen wiederholt sich ständig. Am 16.Mai 1991 beginnt die Hostie im Mund Julias zu bluten; hiervon gibt es Fotos und Zeugen. Es ist klar, daß Maria über die Sünden der Menschen weint und ein großes Strafgericht abwenden möchte, das über die Welt kommen wird, wenn sich die Menschen nicht bekehren.
Am 2.Mai 1989 beginnen die Bilder von der Madonna von Soufanieh duftendes Öl abzusondern. Julia hält sie in ihren Händen und Pater Spies zeigt die Bilder den anwesenden Pilgern; es ist soviel Öl, daß er jedem ein Kreuzzeichen auf die Stirn machen kann. Dies ist der Augenblick, in dem sich viele zweifelnde Pilger bekehren.

Die Erscheinungen und blutigen Tränen halten bis zur Stunde an. Julia leidet, weil sie sich freiwillig dem Herrn geopfert hat. Und die Muttergottes weint wegen der "zügellosen Geburtenregelung", wegen der mangelnden Liebe unter den Eheleuten und der heuchlerischen Lügen unter den Menschen: **"Durch deine Leiden, Julia, werden viele Seelen sich bekehren"** (27.Juli 1988)

Soufanieh / Syrien

Soufanieh ist ein Stadtteil von Damaskus. Bekannt wurde er durch das Phänomen der ölabsondernden Marienikone, die im Haus des Ehepaares Nikolaus Nazzour und Myrna Koubet al-Akhras steht. Am 27.November 1982 trat dies zum ersten Mal auf, auch aus den Händen von Myrna tritt heute noch feinstes Olivenöl aus, wie eine chemische Untersuchung herausfand.

Am 15.Dezember erschien ihr erstmals die Gottesmutter und überbringt ihr seitdem Botschaften: **"...Ich habe euch mehr Öl geschenkt, als ihr erbeten habt, und ich werde euch etwas schenken, was mehr Kraft als das Öl hat. Bereut eure Sünden.....!"**
Myrna wurde 1964 geboren, besuchte eine christliche Privatschule, die sie vor dem Abitur abbrach. Ihr Mann gehört der griechisch-orthodoxen Kirche an; sie haben zwei Kinder.

Warum schwitzt die Ikone Öl? Im Orient ist das Olivenöl sozusagen das tägliche Brot. Es gehört zum Leben wie bei uns der Weizen. Öl benutzt die Kirche als Sakramentale zur Krankensalbung, Taufe und Priesterweihe; es hat heilende und reinigende Kraft. Öl fließt aus Myrnas Händen, Gesicht, Augen, Magen und einmal sogar aus den Füßen. Das Öl fließt auch aus den über 1000 Fotoreproduktionen der Ikone; es sprudelt aus dem Boden der Terrasse, dort, wo Maria immer erscheint. Es fließt aus einem Gebetbuch, aus der Mauer im Innern der Nische, in der die Ikone bewahrt wird, aus der Watte einer Schachtel, die zur Verteilung an Kranke bestimmt war, aus einem Medaillon, das Myrna am Hals trägt usw.
Dies geschieht auch dann, wenn Myrna in Jordanien weilt oder in den USA oder wo immer sie gerade ist.

Heilungen sind bezeugt und ärztlich dokumentiert; das Öl ist 1oo%iges Olivenöl mit einem feinen Duft.

Die Muttergottes spricht arabischen Dialekt, dann wieder Hocharabisch. Wenn sie erscheint, geht ihr eine Lichtkugel voraus, die sich öffnet und oben einen blauen Halbmond sichtbar werden läßt. Dieser verschwindet, sobald Maria da ist. Auf einem Eukalyptusast sitzend, rückt sie plötzlich näher und schreitet auf die Terrasse des Hauses zu, eine Lichtspur hinter sich lassend. Sie ist weißgekleidet, mit einem blauen Gürtel; auf dem Kopf trägt sie einen Kapuzenschleier, auf der rechten Schulter einen weißen Schal. In der rechten Hand hält sie einen Rosenkranz. Wenn sie spricht, wiederholt Myrna diesen Satz für die Anwesenden. Nach dem Gespräch kehrt die Muttergottes rückwärts zum Eukalyptus zurück und verschwindet.

Auch hier sind die Erscheinungen mit ekstatischen Zuständen der Seherin verbunden. Zeuge dieser Ekstasen waren neben vielen Pilgern und Ärzten auch der Erzbischof in Khabab und der Erzbischof Boulos Bourkhoche. Kurz vor der Erscheinung beginnen die Ölabsonderungen aus dem Körper Myrnas. Immer, wenn sie Christus sieht, geht eine Ölabsonderung aus ihren Augen voraus. Dann folgt die Ekstase. Während sie die Gottesmutter deutlich sieht, vermag sie das Anlitz Christi nur leuchtend und schemenhaft zu erkennen. Manchmal ist sie nach den Erscheinungen, die bis zu 75 Minuten dauern können, eine lange Zeit wie blind.

Myrna trägt alle Wundmale Christi an ihrem Körper; die Seitenwunde in der Brust ist 1o cm tief; sie öffnen und schließen sich von selber, ohne eine Kruste zu hinterlassen. Diese Wundmale öffnen sich nur in den Jahren, in denen Katholiken und Orthodoxe das Osterfest zusammen feiern. **" Sage meinen**

Söhnen, daß ich von ihnen die Einheit verlange..." teilte Christus Myrna am 24.März 1983 mit und kurz darauf: **" ...Ich möchte, daß ihr für mich eure Kreuze tragt und ertragt, aus freiem Willen, mit Liebe und Geduld, in Erwartung meiner Wiederkunft."**

San Nicolas / Argentinien

Etwa 2oo Kilometer nördlich von Buenos Aires liegt San Nicolas, eine historisch bedeutsame Stadt mit über 14o ooo Einwohnern. Dort hat Gladys Heriminia Quiroga de Motta seit 1983 Erscheinungen und Botschaften, die sie mit geschlossenen Augen aufschreibt. Der Ortsbischof leitet die Wallfahrten, bei denen jedesmal mehr als 1oo ooo Menschen zusammenkommen. Die argentinische Bischofskonferenz hat die Erscheinungen angenommen.
Glady wurde am 1.Juli 1937 geboren. Sie ist eine einfache, bescheidene Frau, die am Rand der Stadt in einem Arbeiterviertel wohnt. Sie ist verheiratet, hat zwei Töchter und inzwischen auch Enkel; ihr Mann, der als Metallarbeiter tätig war, befindet sich jetzt im Ruhestand. Das Leben verlief ohne besondere Vorkommnisse, bis zum 25.März 1983, dem Fest der Verkündigung des Herrn.
Was war geschehen? Glady betet in ihrem Schlafzimmer den Rosenkranz; da erblickt sie die Muttergottes, die kein Wort sagt. Sie trägt ihr Kind auf dem Arm. Glady , die nie im Leben einen Brief geschrieben hat und die nur vier Jahre lang die Schule besuchte, fühlt sich gedrängt, alles niederzuschreiben. Ihre kurzen Worte lauten: *"Vi a la Virgen por primera vez"* (Ich habe zum ersten Mal die Junfgrau gesehen). Sie schweigt darüber und erwartet auch

nichts weiter; als ihr am 28.September wieder die Jungfrau erscheint, während sie den Rosenkranz betet. Maria schweigt. Und wieder notiert Glady: "Ich habe sie wieder gesehen".

Das wiederholt sich noch dreimal. Bei der sechsten Erscheinung, am 13.Oktober, spricht die Gottesmutter zum ersten Mal. **"Du bist treu gewesen. Fürchte dich nicht, komm und sieh mich an. Du wirst mit mir Hand in Hand gehen, und dein Weg wird lang sein."** Dann nennt Maria die Bibelstelle Ezechiel 2,4-1o. Glady braucht lange, diese Stelle zu finden und erkennt den Ernst der Situation. Dort spricht Gott, sich über das rebellische Volk beklagend, über die Söhne mit frechem Antlitz und verstocktem Herzen.
Von nun an erhält Glady regelmäßig Botschaften; sie erkennt auch, daß die Rosenkranz-Madonna in der Kathedrale von Rosario genauso aussieht wie die Gottesmutter in ihren Erscheinungen, nur nicht so schön und leuchtend. Kurz vor den Erscheinungen spürt Glady ein Kribbeln in den Armen; sie hat keine Ekstasen wie die Seher von Kibeho oder Medjugorje. Sie schließt die Augen und hat dennoch reale Erscheinungen, die sie berühren kann und deren Wärme sie spürt. Anwesende riechen bisweilen einen Rosenduft.
Die Jungfrau hat zu Beginn den Bau eines Heiligtums gewünscht, das inzwischen errichtet wurde. Am 16.November 1984 empfindet Glady die schrecklichen Schmerzen des Leidensweges Jesu. Die Wundmale erscheinen nach und nach an ihren Handgelenken, bluten aber nur an den Freitagen der Fastenzeit; dann treten sie auch an den Füßen auf und an der Brustseite, jedoch ohne Blut.
Infolge des häufigen Fastens geht ihr Hunger zurück; schließlich kann sie 4o Tage lang fasten ohne

nennenswerten Gewichtsverlust. Die Muttergottes weist darauf hin, daß Fasten eine bevorzugte Form der Buße ist. Auch die Seher von Kibeho fasteten sehr lange und aßen danach ohne Übergang, was normalerweise katastrophale Auswirkungen hätte haben müssen.
Viele Heilungen sind geschehen, sodaß Mediziner ein ärztliches Büro gegründet haben, um die Zeugnisse zu sammeln und zu prüfen.

Cuenca / Ecuador

In den Anden liegt der Ort Cuenca (auch Cuenaco geschrieben). Dort lebt Patricia Talbot, Pachi genannt; sie wurde 1971 geboren, war Mannequin und Tänzerin bei einer Folkloregruppe,dadurch viel unterwegs, und erlebte die Scheidung ihrer Eltern. 1987 unternahm sie einen Suizidversuch. Ihr Freund Andres wollte sie heiraten. Da, am Morgen des 28.8.1988, hatte Patricia einen Traum, aus dem sie infolge eines starken Lichtes in ihrem Zimmer erwachte. Sie erkannte in diesem Licht die Gottesmutter, die zu ihr sprach: **"Fürchte dich nicht, ich bin deine himmlische Mutter. Bete viel für den Frieden der Welt. Rufe deine Mutter und verständige sie!"**
Patricia weckte ihre Mutter auf sowie ihren 9jährigen Bruder; und sie beteten gemeinsam. Anderntags bemerkte ihre Freundin Bernadita einen intensiven Blumenduft in Patricias Zimmer; sie hörte von der Erscheinung, und beide errichteten einen Hausaltar.

Am 7.Oktober weilte Patricia in Mexico-City, wo sie vor dem Gnadenbild Unserer Lieben Frau von Guadalupe eine weitere Erscheinung hatte. Sie sah außerdem in einer Vision leidende Kinder aller Rassen. Anderntags ging Pachi wieder in die Basilika;

diesmal sagte die Jungfrau zu ihr: **"Danke, daß du gekommen bist, meine Tochter. Verbreite diese Botschaft: Betet den Rosenkranz. Tut Buße und fastet. Durch das Gebet gelangt ihr zum Herzen Jesu. Geht zur heiligen Messe und macht Besuche beim allerheiligsten Altarsakrament..."**
Diese Erscheinung konnte auch ihre Freundin Bernadita sehen, nachdem Pachi die Gottesmutter um ein Zeichen bat. Am 1o.Oktober erwähnt Maria ein Geheimnis, "das mit dem zehnten Geheimnis, das andere Seher erhalten haben, übereinstimmt", sie aber noch nicht preisgeben darf. Dann erwähnt sie die "große Heimsuchung", die kommt, wenn die Bekehrung der Menschen ausbleibt.
Patricia erhält nun innere Einsprechungen, verzichtet auf alle Vergnügungen und organisiert eine Gebetsgruppe. Dann hört sie die Stimme der Gottesmutter: **"....Ich bin gekommen, um dir den Zeitpunkt des großen Strafgerichtes zu offenbaren, aber du darfst ihn niemandem mitteilen...."** (4.November 1988)
Inzwischen beginnen Ölabsonderungen an einer Marienstatue und Heilungen durch Auflegen dieses wohlriechenden Öls. Am Karfreitag und Karsamstag 1989 spricht Maria: **"Fastet wenigstens einmal in der Woche....Mit Gebet und Fasten könnt ihr Kriege und Naturkatastrophen abwenden...Die Welt steht am Rand vieler Katastrophen, wenn ihr euch nicht ändert...."**
Das Ordinariat schaltet sich zum ersten Mal ein und verbietet, die Erscheinungen mit Gott in Verbindung zu bringen. Eine Untersuchung findet nicht statt.

Als Patricia auf Geheiß der Gottesmutter im Hochgebirgstal, in El Cajas, 27 Kilometer von Cuenca entfernt, ein Kreuz sowie die Statuen von Jesus und Maria aufstellt, beginnen dort die Wallfahrten. Am 5.August 1989 erscheint Maria weißgekleidet und sagt, es sei ihr Geburtsfest.*) Das alles wird den kirchlichen Behörden zuviel; sie untersagen den Kult. Patricia wird von vielen Seiten verleumdet. Man zerstört die Gebetsstätte und will die guten Früchte des Glaubens nicht wahrhaben. Über den augenblicklichen Stand der Dinge kann ich nichts aussagen.

Es fällt auf, daß die Gottesmutter in zwei Botschaften einen Bezug zu Medjugorje herstellt; denn dort haben die meisten Seher bereits zehn Geheimnisse erhalten; außerdem wies sie auch dort am 12.7.1982 in einer Botschaft an alle Seher auf den Wert des Fastens hin, das Kriege und Katastrophen abwenden kann.

*) Dasselbe sagte sie den Seherinnen Vicka, Marija und Jelena in Medjugorje am 5.August 1984 und ergänzte:"Die Priester, die die Beichte hören, werden an dem Tag große Feuden empfangen."

Aussagen der Gottesmutter zu verschiedenen Themen

Wer sich die Mühe macht, alle verfügbaren und veröffentlichten Botschaften der Gottesmutter zu lesen, sieht sich einer ungeheuren Materialfülle gegenübergestellt. Allein die Mitteilungen Marias in Medjugorje füllen mehrere Bücher. Gewiß wiederholen sich die Bitten und Mahnungen; sie sagt im wesentlichen auch anderen Sehern dasselbe. Ich habe keine Widersprüche gefunden, auch keine Drohungen, wenngleich es bedrohliche Warnungen gibt. Ob die Katastrophen eintreten, hängt vom Verhalten der Menschen ab. Sie weist stets auf ihren Sohn hin, auf die Notwendigkeit, seine Lehre und

Gebote endlich zu leben und das Leid, das der einzelne zu tragen hat, in Geduld und Opferbereitschaft Gott hinzuhalten.
Manche Botschaften betreffen nur die Seher, andere sind an die Menschen dieses Landes gerichtet, wieder andere an die ganze Welt.
So wünscht sie beispielsweise in Maracaibo ein Fasten am Montag, Mittwoch und Freitag, in Medjugorje am Mittwoch und Freitag. So gibt es in den praktischen religiösen Vollzügen unterschiedliche Empfehlungen. Die einen Seher werden gebeten, sich in die Stille zurückzuziehen und ihr Leid Gott aufzuopfern (Julia in Naju und Franz Spelic in Kureszek); andere sollen sich an die Öffentlichkeit wenden und ihre Worte weitergeben (alle Seher in Medjugorje, Renato Baron in Schio, José-Luis und Juan-Antonio in Maracaibo). Es ist zweifellos eine Pädagogik, die dahintersteckt, wenngleich sich kein Seher leicht tut, den Wünschen des Himmels sofort nachzukommen. Im weiteren Verlauf ihrer Besuche werden die Seher mehr und mehr beschenkt, aber auch mit dem Kreuz konfrontiert. Damit wird deutlich, daß Gott nicht am Leid vorbeiführt, aber durch das Leid hindurch und die entsprechende Kraft dazu gibt.
Der kritische und vielleicht religiös distanzierte Mensch mag angesichts des freiwilligen Leidens mancher Seher (ich denke hier vor allem an die Stigmata) an masochistische Tendenzen denken, mindestens aber an eine hysterisch gefärbte Inszenierung. Daß dem nicht so ist, beweisen die positiv ausgefallenen Gutachten, die erwiesene gesunde und bodenständige Persönlichkeit der Betreffenden, auch die Früchte vor Ort. Letztlich kann man auch die zeichenhaften Begleitphänomene nicht übersehen: Lichtkugeln, rotierende Sonnenscheiben, Leuchtschriften am Himmel,

Ölabsonderungen, Rosendüfte und vieles mehr, was auch die Ungläubigen bemerken.
Wir kommen nicht umhin, diese Phänomene ernst zu nehmen und für unser eigenes geistliches Leben Konsequenzen zu ziehen, d.h. Umkehr und Buße. Sollte es sich herausstellen, daß dies alles Betrug oder Täuschung ist, ist die Beachtung der Wünsche Mariens nicht falsch. Sollte sich alles als wahr erweisen, ist die Nichtbeachtung fatal.

Wohlgemerkt: es geht nicht primär um die Erscheinungen; es geht um die Botschaften. Ich habe aus mehreren hundert Mitteilungen Marias einige prägnante, immer wieder vorkommende Worte ausgewählt. So kann sich der Leser die mühevolle Lektüre von nahezu 3o Büchern ersparen. Wer jedoch mehr erfahren will, kann sich an den Quellenangaben orientieren.

Glaubensverfall und Situation der Kirche

Maria kommt, um die Welt zur Umkehr aufzurufen; es steht nämlich schlecht um den Glauben, um die Treue zur Kirche, um das geistliche Zeugnis. Unermüdlich ermahnt sie die Treuen zum Gebet für die Untreuen und weist darauf hin, daß sie den Arm ihres Sohnes kaum noch zurückhalten kann. Selbst innerhalb der Kirche entstehen Spaltungen und eine Theologie, die den Glauben zerstört.

"Viele Zerstörer der göttlichen Gnade befinden sich unter den Dienern der Kirche, die zwar das Böse bekämpfen wollen, aber es gelingt ihnen nicht, da sie Häretiker sind." (29.12.86, Schio)

"...Ich bitte um eure demütige und aufrichtige Hilfe und um all euren wahrhaften Glauben. Der Niedergang der guten Geister schreitet unerbittlich voran, und jegliche Sensibilität für das, was heilig ist, verschwindet. Die Hingabe an die Freiheit der Sinne und der Sitten führt das Volk Gottes in den tödlichen Abgrund..." (1.7.88, Schio)

"..Sprecht zu den Menschen von meinem Ruf. Der Glaube ist weniger geworden und das Leben stirbt. Schwere Schuldenlasten bedrücken viele Seelen, die Gott verleugnen, obwohl sie das Licht kennen, und damit die Welt trübe machen. Liebe Kinder, es braucht Buße, Gebet und Hingabe. ....Die Zeit der Reinigung ist nicht ferne... Ich verspreche allen, die sich mir geweiht haben, meinen mütterlichen Schutz." (5.7.89 Schio)

"....Bete für die Ungläubigen, sie werden sich die Haare raufen.....Jetzt ist die Zeit der Bekehrung, und es muß jetzt befolgt werden, wozu ich so lange ermahne. Bete für sie!" (15.8.85 an Mirjana, Medjugorje)

"Es genügt nicht, zur katholischen Kirche zu gehören, um gerettet zu werden; man muß die Gebote Gottes einhalten und seinem Gewissen folgen.." (undatierte Botschaft in Medjugorje)

"Wenn sie nicht an Gott glauben können, dann sollen sie wenigstens fünf Minuten am Tag in stillem Meditieren verbringen. In dieser Zeit sollen sie an Gott denken, den es nach ihrer Aussage nicht gibt." (April 1989 an Mirjana, die diese Worte an die Jugendlichen weitergeben soll.)

"Ich habe dich eingeladen, um dir eine große Gefahr zu zeigen, welche euch, Mitgliedern der Kirche, droht. Die theologische Wissenschaft verdirbt

vielen den Glauben. Im Glaubensmangel verbreiten sie eine menschliche Theologie...Die Glaubenskrise ist der Grund für andere Irrtümer. Betet, damit euch die in die Irre gekommene Theologie nicht vergifte, welche einige für wissenschaftlich halten..... Alles wollen sie mit dem Verstand erklären, darum verkünden sie, daß es keine Engel, keinen Vater des Bösen und auch keine bösen Geister gibt...." (13.11.92 Kureščėk)

"Die Gier nach irdischen Gütern...beschäftigt voll den Menschen. Er hat keine Zeit für edle Taten, für Gebet und auch nicht für Gott. Darum verharrt der gläubige Mensch beim oberflächlichen Glauben... Die Familien zerfallen.... Die fühlbare Freiheit ist in Wirklichkeit Sklaverei der dunklen Mächte...." (5.6.93 Kureščėk)

"Zersetzung und Verderbnis haben sich nicht nur in der Gesellschaft und in den Familien, sondern auch bis in die Kirche hinein verbreitet und umhüllen die Welt mit einem Vorhang aus Dunkelheit." (7.10.98 Naju)

"Schau, die Welt läuft ins Verderben. Sie ist vom Irrtum erfüllt. Daher bleibt mein Sohn Jesus ohne Ende ans Kreuz genagelt wegen des Stolzes der Menschen, wegen der Feigheit der Pessimisten....., die sich durch ihr heuchlerischen Lügen vieler Entweihungen schuldig machen.." (29.1.89 Naju)

"Zahlreich sind diejenigen, die Gott hartnäckig leugnen. ..... All das wird den Krieg auslösen." (29.1.91 Naju)

"Viele meiner Kinder geben vor, meinen Botschaften zu folgen, meinem Sohn zu folgen, aber in ihrem Herzen findet sich die Wahrheit nicht; es herrscht Stolz, Eitelkeit und Selbstsucht.....Wenn ihr

wirklich nicht an Gott glaubt, liebe Kinder, dann müßt ihr an sein Wort glauben, die Heilige Schrift lesen.... Lebt demütig." (2.8.95 Maracaibo)

"Die Kirche befindet sich inmitten eines stürmischen Meeres ... Sehr bald werden die Feinde der Kirche meinen, sie hätten triumphiert.... Ihr werdet Zeiten erleben, in denen Satan seinen Haß gegen Gott und dessen Kirche angriffslustiger zu zeigen beginnt.... Innerhalb meiner Kirche wird eine große Spaltung eintreten." (22.5.94 Maracaibo)

"Die Kirche ist das Himmelreich auf Erden. Wer sie spaltet, sündigt. Und wer sich über ihre Spaltung freut, sündigt." (4.8.85 Sufanieh)

Einheit und Ökumene

Viele meinen, die Marienverehrung innerhalb der katholischen Kirche sei ein Hindernis für die Ökumene. Dies scheint nur so. Denn im Herzen aller Menschen verbirgt sich die Sehnsucht, auch die Mutter Jesu gebührend zu ehren. Außerdem ist nicht zu überhören, daß der Sohn es ist, der seine Mutter schickt, damit die Welt endlich begreifen möge, wo es lang geht. Es gibt wiederholte Hinweise auf eine künftige Einheit katholischer, orthodoxer und protestantischer Christen. Folgende Mitteilungen der Gottesmutter zur innerkirchlichen und interreligiösen Situation finden sich bei den verschiedenen Sehern:

"Die Kirche soll eins sein, aber ohne nachzugeben oder Kompromisse einzugehen. Die Welt sucht Maria, und Maria wird die Welt retten, wenn ihr auf sie hört und euch bekehrt." (.12.85 Schio) (Anm.: Die

Rettung geschieht stets durch das Kreuz Jesu; Maria versteht sich immer als die Gesandte, die im Auftrag ihres Sohnes handelt.)

"...Sag es allen, daß allein ihr auf der Erde voneinander getrennt seid. Die Moslems und die Orthodoxen sind genauso wie die Katholiken einander gleich vor meinem Sohn und vor mir. Ihr seid alle meine Kinder. Gewiß, nicht alle Religionen sind gleich, aber alle Menschen sind gleich vor Gott.... Diejenigen, die keine Katholiken sind, bleiben deshalb nicht weniger Geschöpfe nach dem Bild Gottes und sind dazu bestimmt, eines Tages in das Haus des Vaters zu gelangen. Das Heil wird allen ohne jede Ausnahme angeboten. Nur die werden verdammt, die Gott bewußt und willentlich ablehnen. Wem viel gegeben wurde, von dem wird auch viel verlangt...." (undatierte Botschaft aus Medjugorje)

"Vor Gott sind die Angehörigen aller Religionen gleich. In der Welt sind die Religionen jedoch nicht gleich, da die Menschen sich nicht in gleicher Weise den Geboten Gottes unterwerfen. Sie lehnen sie ab und entehren sie." (1.10.81 Medjugorje)

"Fürchtet euch nicht vor den Widerständen. Widerstände gegen jene Einheit, die die Kirche geistig erneuern will, sind ein Ausdruck der persönlichen Krise und Selbstzufriedenheit jener, die dem entgegenwirken wollen." (2.5.92 Kureščcek)

"Bemüht euch um die Einheit der Kirche. Seid verbunden mit den Priestern und Bischöfen. Redet nicht über die schlechten Eigenschaften und Taten eurer Priester.." (3.4.93 Kureščcek)

".....Die Einheit wird unfehlbar den Sieg davontragen..." (15.1.89 Naju)

"Betet für den Zusammenschluß der drei Kirchen (röm-kath., orthodox, protestantisch), **denn dies**

gehört zum Triumph meines Unbefleckten Herzens." (13.3.96 Maracaibo)

"Sag meinen Söhnen, daß ich von ihnen die Einheit verlange. Ich verlange sie nicht von denen, die so tun, als ob sie für die Einheit arbeiten." (7.9.88 Sufanieh)

Zukunft der Kirche und apokalyptische Aussagen

Was die Zukunft der Kirche betrifft, so sind die Hinweise allesamt positiv. Es wird eine Erneuerung stattfinden; die Gegner verlieren den Kampf. Allerdings geht dieser Sieg nicht ohne bittere Reinigung vor sich, d.h. es wird zuvor Verfolgungen und Spaltungen geben. Parallelen zu Matthäus, Kapitel 24, fallen auf. Der Sieg kommt plötzlich. Die Ankündigung, daß die Mauer (von Berlin) fallen werde, ist inzwischen wahr geworden. Das Bild von der Kirche als Schiff erinnert an den Traum Don Boscos vom wunderbaren Sieg der Kirche.

"..Bald werden die Philosophien des Atheismus, die Verfolger Gottes und die dämonischen Kulte verschwinden. Eine neue Zeit ist nahe, welche auf die Liebe Gottes gegründet ist." (1.11.93 Schio)

"..Die Irrtümer und die sündhaften Schrecknisse werden zu Ende gehen und zugleich mit der menschlichen Bosheit verschwinden, während meine frommen, mir geweihten Kinder siegreich dabei mithelfen werden. Mut, meine Kinder, ich segne euch alle." (2.8.89 Schio)

"Dieses (2o.) Jahrhundert steht unter der Macht Satans; sie wird jedoch zerstört werden, wenn die Ge-

heimnisse, die ich euch anvertraut habe, eingetroffen sind. Schon jetzt beginnt er seine Macht zu verlieren..." (5.11.82)

"Viele Seelen werden sich dank der Gebete und der Opfer bekehren, und dann wird sich der weltweite Frieden einstellen. Außerdem wird die Grenze Ostdeutschlands fallen.., die Eisendrähte zwischen Nord- und Südkorea werden zerbrechen." (26.11.89 Naju)

"Wenn alles verloren scheint und die Welt es am wenigsten erwarten wird, wird der Heilige Geist kommen und mein Sohn Jesus auftreten, um zu fordern, was ihm gehört. Bleibt ihm treu!" (22.5.94 Maracaibo)

"Meine Kinder, die Zeit der Wiederkunft meines Sohnes ist sehr nahe; doch viele wollen trotz aller Zeichen und Beweise, die Gott euch gibt, nicht zur Einsicht kommen. Lest das Evangelium, ihr findet darin die ganze Wahrheit." (5.4.95 Maracaibo)

"Betet für die Einheit der Kirche meines Sohnes. Die Zeit geht zu Ende....." (13.5.98 Maracaibo)

"Die Ankunft des Erlösers steht unmittelbar bevor..." (26.3.88 San Nicolas)

Papst und Priester

Auffällig viele Sympathiebekundungen Mariens beziehen sich auf Papst Johannes Paul II. Bekanntlich ist sein Wappenspruch TOTUS TUUS, ganz der Deine. Er wird als Werkzeug Gottes bezeichnet, auf den die Christen hören sollen. Die Priester werden als Lieblingskinder bezeichnet; um so mehr leidet die

Gottesmutter unter den Zwistigkeiten in ihren Reihen. Sie weist auf Spaltungen innerhalb des Klerus hin und mahnt zur Rückkehr in den Schoß der Kirche, zum Gehorsam gegenüber Bischof und Papst.

"Die Kirche ist in Gefahr. Die Gleichgültigkeit ist auch bei ihren Repräsentanten und besonders unter den Priestern meines Sohnes Jesus stark. Betet, betet...." (Schio 12.5.86)

"....Die Herzen vieler halte ich in meinen Händen, aber eines ist sehr groß: das Herz des Papstes. Zur Stunde, meine Kinder, ist der Papst in Gefahr.... Gebt auch ihr der Welt mutig ein Beispiel wie der Papst...." (13.9.87 Schio, als der Papst gerade in den USA weilte.)

"Bleibt mit dem Papst vereint!" (7.6.89 Schio)

"Die Priester sollen die Familien besuchen, vor allem die, die den Glauben nicht mehr ausüben und Gott vergessen haben. Die Priester sollten das Evangelium Jesu unter das Volk bringen und es lehren, wie man betet. Die Priester sollten auch selbst mehr beten und fasten. Was sie selbst nicht brauchen, sollten sie den Armen geben." (30.5.84 an Jelena, Medjugorje)

"....Viele Priester werden von dunklen Mächten irregeführt, so daß sie von der Treue und den Versprechen abweichen. Sie vernachlässigen das Gebet und werden dafür ganz kalt... Betet, damit die Priester nicht versagen." (2.6.90 Kureščček)

"Johannes Paul II ist mein allerliebster Sohn. Hört auf ihn, und der Welt wird mehr Friede, Einheit und Segen zuteil werden..." (7.12.91 Kureščček)

"Der Papst, die Bischöfe und die Priester und alle meine getreuen Kinder sind noch ein besonderes

Ziel der dämonischen Mächte, die sie entzweien und alles vernichten wollen, was Gott gehört." (27.10.94 Kurešček)

"Betet für die Priester; sie leben ohne Unterlaß in der Versuchung....Gegen die Priester setzt Satan alle seine Kräfte ein. Um das zu verhindern, müßt ihr für sie beten, für sie Opfer bringen...." (20.10.86 Naju)

"Der Satan....hat in der Tat viel mehr davon, einen einzigen Priester zu Fall zu bringen als Tausende von Laien.... Und schau doch einmal nach, ob diese Priester besser geworden sind, die ihren Beruf verlassen haben...So viele Priester und Ordensleute leiden wegen der Vorurteile, die jene gegen sie haben, die zur Ehe berufen sind...." (23,4,87 Naju)

"Liebt die Kirche, liebt den Papst und begreift, daß sich der Wille Gottes durch ihn in der Kirche ausdrückt. Folgt ihm und führt den Kampf, aber einen Kampf ohne Groll und Geschrei, ohne Haß und Diffamierungen...." (3.6.98 Maracaibo)

"Bleibt mit meinem Papst vereint. Es wird innerhalb meiner Kirche zu einem großen Bruch kommen. Bleibt dem Papst treu!" (6.11.93 Maracaibo)

".....Der Heilige Geist steht ihm unablässig bei, damit er die Sendung erfüllt, das Gottesvolk zu leiten." (18.2.94 Maracaibo)

"Johannes Paul II trägt sein eigenes Kreuz und geht zu allen Völkern, um ihnen den Frieden und die Hoffnung Christi zu bringen. Obwohl er sich der Gefahren bewußt ist, denen er sich aussetzt, festigt er demütig die Kirche meines Sohnes." (12.7.86 San Nicolas)

Beichte, Fasten, Gebet und Opfer

Maria erfleht seit Jahrzehnten in wachsendem Maß mehr Gebet und Opferbereitschaft. Heute wird das Opfer meist als ein Relikt verstaubter Zeiten oder als Ausdruck einer kranken Seele betrachtet. Andere weisen darauf hin, daß sich Jesus selber opferte und somit kein weiteres Opfer nötig ist. Doch Paulus schreibt, daß er "ergänzt, was an den Leiden Christi fehlt" (Kol 1,24), ein theologisch unglaublicher Satz. Maria weist ständig darauf hin, daß unsere Gebete und Opfer sogar Kriege verhindern können. Statt dieses Geheimnis des Glaubens rational zu zerpflücken und von sich zu schieben, sollten wir gehorchen und auf jene hören, die längst die Bestätigung dieser Aussage erfahren haben. Natürlich will Satan all das verhindern und wird jedem mindestens drei gute und plausible Gründe einflüstern, um es nicht tun zu müssen. Das Lieblingsgebet Mariens ist der Rosenkranz; es betrachtet mit seinen fünfzehn Gesätzen das Leben Jesu; sie verspricht allen gläubigen Betern ihren besonderen Schutz. Darüberhinaus ist das Fasten eine notwendige Form des Verzichts, das geistliche Kräfte freisetzt. Maria empfiehlt die monatliche Beichte, in einzelnen Fällen sogar die wöchentliche Beichte. Gerade diese Bußpraxis ist bei uns ziemlich verkommen; sie erfordert Demut und Mut. Daran fehlt es uns. Weil Rosenkranz, Beichte und Fasten die stärksten Waffen gegen Satan sind, tut er alles, um dies zu verhindern.

"Versucht jede Woche zu fasten." (28.12.85 Schio)

"Lehrt sie, täglich den Rosenkranz zu beten! Dies wird die Kette sein, die sie an mich bindet, und ich werde sie zum Heil führen." (6.4.86 Schio)

"Meine Kinder, ich erbitte von euch tägliche Taten der Buße und Abtötung. Dies sind die vorbereitenden Zeiten großer Ereignisse.." (25.10.89 Schio)

"Ihr könnt eine Gnade sofort, in einem Monat oder in einem Jahr erlangen. Ich brauche keine hundert oder zweihundert \`Vater unser\`. Besser, man betet ein einziges, dies aber mit dem Wunsch, Gott dabei zu begegnen. Alles soll aus Liebe getan werden..." (9.3.85 Medjugorje)

"Liebe Kinder, ihr vergeßt, daß ich von euch Opfer wünsche, um euch zu helfen und von euch den Satan vertreiben zu können. Daher lade ich euch ein, mit besonderer Ehrfurcht Gott Opfer darzubringen..." (18.9.86 Medjugorje)

"Wenn ihr keine Kraft habt, bei Wasser und Brot zu fasten, dann könnt ihr auf andere Dinge verzichten: Fernsehen, Alkohol, Zigaretten..." (8.12.81 Medjugorje)

"Die monatliche Beichte wird ein Mittel für die westliche Kirche sein. Ganze Bereiche der Kirche könnten geheilt werden, wenn die Gläubigen einmal im Monat beichten würden." (Dez. 83, Medjugorje)

"Mit Gebet und Fasten werdet ihr den bösen Mächten ihre zerstörerische Kraft nehmen." (5.8.92 Kureščeк)

"Ich habe euch gesagt, daß der Rosenkranz die Dämonen unterwirft. Sag allen Gläubigen, daß sie noch einen Rosenkranz mehr beten sollen. Wenn ihr mehr Rosenkränze betet und sie für die Einheit des Volkes darbringt, dann kann es der Krise entkommen." (1.1.88 Naju)

"Ohne Opfer wird sich nichts tun.... Heiligkeit wird nur durch das Kreuz erreicht." (26.11.89 Naju)

"Ich lade euch ein, auf alkoholische Getränke zu verzichten, auf das Fernsehen und auf weltliche Musik..." (Mai 98, Maracaibo)

"Ich komme, um euch zu sagen, daß die Menschheit große Nöte, Leiden, Epidemien......durchmachen muß, wenn sie nicht aufhört, Gott zu beleidigen. Liebe Kinder, bringt Opfer und Bußübungen, innige Gebete dar, damit die durch die Sünde gegenüber Gott zugezogene Schuld wenigstens teilweise ausgeglichen werden kann." (5.4.95 Maracaibo)

"Ich lade euch ein, täglich, wenn möglich, die fünfzehn Rosenkranzgeheimnisse zu beten, öfters die Eucharistie zu empfangen, die Heilige Schrift zu lesen und Werke der Barmherzigkeit zu tun." (26.9.92 Maracaibo)

"Ich will auch auffordern, täglich um sechs Uhr früh, am Mittag und um sechs Uhr abends das Angelusgebet wieder aufzunehmen..." (24.8.94 Maracaibo)

"Pflegt das Fasten und das Gebet. Denn durch das Gebet werdet ihr mit meiner Wahrheit konfrontiert und könnt allen Schlägen begegnen." (26.11.88, Worte Jesu in Soufanieh)

"Der Rosenkranz ist die Waffe, die der Feind fürchtet.." (10.4.86 San Nicolas)

"Meine Tochter, dank einer Minderheit von guten Menschen werden viele böse Menschen das Heil finden. Ich will sagen, durch das beharrliche Gebet der wahren Christen werden viele gerettet. Dies ist der Grund meiner Gegenwart und die Bedeutung meiner Botschaften, die letztlich die Worte des Herrn sind." (15.12.86 San Nicolas)

Eucharistiefeier und Kommunionempfang

Die Eucharistie nimmt in den Mitteilungen der Gottesmutter die höchste Stellung ein. Sie klagt über den schwindenden Besuch der Heiligen Messe, vor allem über die Entweihung der Kommunion. Innerhalb der Gläubigen gibt es zwei Lager: Die einen verteidigen vehement die Handkommunion, die anderen in einer noch verstärkten Weise die Mundkommunion. Diesbezüglich befragt, antwortete die Gospa einmal der Seherin Marija Pavlovic: " Ich verweise auf die Praxis der Kirche" (undatierte, private Botschaft in Medjugorje), d.h. beide Formen sind erlaubt. Entscheidend ist letzlich der Empfang mit dem Herzen. Das Argument, die Hände seien zu sündig, zieht nicht; denn die Zunge ist es nicht minder. Angesichts der Tatsache, daß die Handkommunion mehr Raum für Mißbrauch und Respektverlust gibt, mag man die Mundkommunion sicher vorziehen. Andererseits steht die Frage im Raum, ob Jesus beim Abendmahl den Jüngern das Brot in den Mund gab oder in die Hände legte. Maria, die nicht anwesend war, wie sie selber zugibt, empfiehlt tatsächlich die kniende Mundkommunion.

"Ich bitte euch, meine Kinder, in der Heiligen Messe immer bei der Heiligen Kommunion den Leib meines göttlichen Sohnes direkt in den Mund zu nehmen und, wenn möglich, kniend zu empfangen. Wenn der Priester euch bittet, aufzustehen, gehorcht. Gehorcht dem Priester immer." (undatierte, persönliche Botschaft in Maracaibo) (Anm. des Autors: Der Gehorsam wird natürlich nicht gefordert, wenn er sich gegen die moralische Haltung des einzelnen richtet; das Gewissen ist die oberste Instanz, der man zu folgen hat.)

"Satan will die Kirche und insbesondere die Eucharistie vernichten....Verteidigt die Eucharistie, betet Jesus an und empfangt ihn öfters, und euer Glaube wird stark sein." (29.9.95 Maracaibo)

"Betet ohne Unterlaß das Allerheiligste Sakrament des Altares an. Ich bin immer anwesend, wenn die Gläubigen das Allerheiligste anbeten. Dabei werden besondere Gnaden erteilt." (15.3.84 Medjugorje)

"Ihr feiert die Eucharistie nicht so, wie ihr es tun solltet. Wenn ihr wüßtet, welche Gnade und welche Gaben ihr empfangt, dann würdet ihr euch täglich mindestens eine Stunde lang auf die Messe vorbereiten. Ihr solltet jeden Monat drei Stunden für die Versöhnung verwenden, den ersten Freitag im Monat sowie den Samstag und den Sonntag danach." (1985, Medjugorje)

"Nie werdet ihr Jesus in der Eucharistie genügend danken. Die Menschen, die ohne Vorbereitung in die Kirche kommen, die heilige Kommunion nicht empfangen und nicht dankbar sind, werden hartherzig." (undatierte Mitteilung an Maria Jelena, Medjugorje)

"Viele haben die Freude und die Schönheit der Heiligen Messe erfahren; und es gibt solche, die ungern zur Messe kommen. Ich habe euch, liebe Kinder, auserwählt, und Jesus gibt euch seine Gnaden in der Heiligen Messe. Daher lebt bewußt die Heilige Messe, und jedes Kommen soll euch Freude bereiten..." (3.4.86 Medjugorje)

"Macht alle liturgischen Dienste, vor allem aber die Darbringung des Heiligen Meßopfers, mit viel Ehrfurcht, gesammelt und mit Schönheit in den symbolischen Gesten!" (Mitteilung für die Priester in Kureščেk, 6.10.90)

"Zum gegenwärtigen Zeitpunkt bin ich in jedem Tabernakel zugegen. Mein Körper will dort ebenso wie in jedem Opfer der Eucharistie angebetet werden...." (17.1.89, Botschaft Jesu an Julia, Naju)

Bedeutung von Krankheit und Leid

Die bekannte Hiobsfrage nach dem Grund des Leids hat Gott nicht beantwortet, jedenfalls nicht zur Zufriedenheit der Menschen. Auf keinen Fall ist die Krankheit eine Strafe Gottes; das haben schon die Apostel von Jesus hören müssen (Vgl.Joh 9,2). Sie ist eine Chance zur Heiligung und zur Glaubensstärkung. Es mag uns seltsam anmuten, wenn wir hören, daß Gott Leid zuläßt, damit wir im Ertragen des Leids unseren Teil zur Umkehr der Menschen beitragen, oft aber auch zur eigenen Rettung. Am Leid sind viele gescheitert. Es kommt nicht von Gott; er läßt es allenfalls zu. Insofern arbeitet Satan, der immerhin Gott unterstellt ist, in die Hände Gottes. Denn wer im Leid zu Gott hält und sich nicht irre machen läßt, entzieht sich den Klauen der dämonischen Mächte. Wer es fassen kann, der fasse es.

Die Gottesmutter bittet um Opfer; eines der wertvollsten Opfer ist das Ertragen von persönlichen Widrigkeiten um dieser Bitte willen. Das mag dem modernen Menschen ein Ärgernis sein. Doch dient das Opfer nicht, wie im heidnischen Denken, der Besänftigung Gottes, sondern der Rettung von lebenden oder verstorbenen Mitmenschen. Gott wünscht zweifellos unsere Mitarbeit am Heil der Welt. Christsein ist keine individuelle, private Angelegenheit, sondern eine Sache der Gemeinschaft. Wir sind sehr wohl der Hüter unseres Bruders und unserer Schwester.

"...Betet besonders, daß ihr Krankheit und Leiden mit Liebe annehmen könnt, wie sie auch Jesus angenommen hat. Nur so werde ich euch mit Freude die Gnaden und die Heilungen schenken können, die mir Jesus erlaubt." (11.9.86 Medjugorje)

"Wenn ihr eine Schwierigkeit habt, ein Leiden oder eine Krankheit, fragt euch nicht:`O warum habe ich das bekommen und nicht jemand anders?`Nein, liebe Kinder, sagt vielmehr: `Herr, ich danke dir für dein Geschenk!`Denn ein Leiden, das aufgeopfert wird, ist für euch und für andere eine Quelle großer Gnaden. Wenn ihr krank seid, beten viele von euch nur immerzu: `Mache mich gesund, mache mich gesund!`Nein, liebe Kinder, das ist nicht gut; denn so ist euer Herz nicht offen für Gott. ....Betet so: `Herr, dein Wille geschehe!`Erst dann kann Gott euch seine Gnaden geben, und zwar entsprechend eurer Bedürfnisse, die er besser kennt als ihr selbst. Vielleicht schenkt er die Gnade der Heilung, die Gnade neuer Kraft, des Lichts oder der Freude..." (Nov. 1991 Medjugorje)

"Das Kreuz ist notwendig wegen der Sünden in der Welt." (12.7.82 Medjugorje)

"Für die Heilung der Kranken ist es wichtig, folgende Gebete zu verrichten: 7 Vater unser, 7 Ave Maria, Ehre sei dem Vater, Glaubensbekenntnis und Fasten bei Wasser und Brot. Es ist gut, die Hände dem Kranken aufzulegen und zu beten. Es ist gut, mit dem heiligen Öl zu salben. Nicht alle Priester haben die Gabe der Heilung. Um sie wiederzuerwecken, soll der Priester beharrlich beten und fest glauben." (24.7.82 Medjugorje)

"Das Herz meines Sohnes und mein Herz sind furchtbar beleidigt,deshalb bitte ich euch: leistet für die schweren Beleidigungen Genugtuung durch

Gebet, Fasten und Aufopferung eurer Leiden. Nur das angenommene Leid könnt ihr zur Genugtuung aufopfern; das nicht angenommene und nicht freiwillig ertragene Leid ist ein doppeltes Leid." (29.4.94 Kureščk)

"Die Leiden, die du wegen der abgetriebenen Kinder erduldest, sind nicht vergebens. Sie sind die stellvertretende Buße für jene unglücklichen Seelen, die die Abtreibungen vornehmen." (27.7.88 Naju)

"Diejenigen, die glauben und nach dem Willen des Herrn leben, haben mehr Leiden zu erdulden. Opfert sie alle auf!" (13,6,87 Naju)

"Dank der Leiden, die du erduldet hast, werden viele meiner Kinder die Gnade der Bekehrung erhalten." (30.6.90 Naju)

"Du sollst wissen, daß das Tragen des Kreuzes unvermeidlich ist." (7.9.87 Sufanieh)

Endzeit Satans und Zukunft der Kirche

Es ist eindeutige Aussage der Gottesmutter, daß Satan existiert und nicht etwa irgendeine intrapsychische Destruktivität des Menschen darstellt. Sie betont mehrmals, daß das 2o.Jahrhundert unter dem Einfluß Satans steht, seine Zeit aber abläuft. Die Kirche wird viel leiden, dann aber eine triumphale Auferstehung und Erneuerung finden; die Feinde Gottes werden zerstört. Viele Menschen haben Angst angesichts der apokalyptischen Aussagen in der Bibel (Matth 24) und in den Privatoffenbarungen. Maria aber ruft zur Umkehr und zur Freude auf über das Wiederkommen ihres Sohnes, über den Sieg der betenden Gläubigen, über ein zweites Pfingsten. Zuvor werden drei Tage Finsternis auf die

Welt kommen. Dann sollen die Menschen auf keinen Fall ihre Häuser verlassen oder aus den Fenstern schauen. Sie sollen beten und Buße tun. Diese Botschaft erging an die beiden jungen Seher in Maracaibo. Verständlicherweise sprechen sie nicht gern darüber. Im übrigen deckt sich diese Aussage mit den prophetischen Hinweisen der hl.Anna Maria Taigi, der hl.Brigitta von Schweden, des seligen Pater Pio und zwanzig weiterer Seher.

Derzeit wird viel Lärm gemacht um ein bevorstehendes Weltende. Genau das aber ist nicht die Ankündigung der Muttergottes. Sie betont eigens, daß es nicht um das Ende der Welt geht, sondern um eine Zeit der Reinigung und um das Kommen ihres Sohnes. Die Wiederkunft Jesu bedeutet nicht Weltende, sondern Anbruch einer neuen, friedlichen Zeit.
Dies sind biblische Aussagen und stellen nichts Neues dar. Wer etwas anderes verkündet, gar Daten zu kennen meint, lügt. Für Panikmache besteht kein Anlaß, "sondern freut euch, die Rettung ist nahe" (Matth 24).

"Mein Sohn, alle dämonischen Mächte sind am Werk wie noch nie in der Geschichte der Menschheit, aber euer Werk ist von göttlichem Ursprung. Blickt mit mir in die Zukunft, die siegreich sein wird. Laßt uns Jesus, der kommen wird, entgegengehen. Blickt euch nicht um, zu schauen, wer verloren gegangen ist. Bald wird es für sie zu spät sein, da die Zeit verstrichen sein wird..." (17.8.88 Schio)

"Liebe Kinder, betet weiterhin; so wird der Satan von diesem Ort immer weiter weg sein. Der Plan Satans ist gescheitert. Betet, daß sich verwirklicht, was Gott in dieser Pfarre plant." (5.9.85 Medjugorje)

"...Ich wünsche, daß ihr auf mich hört und Satan nicht erlaubt, euch irrezuführen. Satan ist ziemlich

stark. Deshalb bitte ich euch, daß ihr mir eure Gebet für diejenigen darbringt, die unter seinem Einfluß stehen,damit auch sie gerettet werden...." (25.2.88 Medjugorje)

".....Du mußt wissen, daß Satan wirklich existiert.... Wenn die Geheimnisse erfüllt sein werden, wird seine Macht zerstört. Schützt euch mit dem Gebet, dem Fasten und vor allem mit dem gemeinschaflichen Gebet. Erneuert den Gebrauch des Weihwassers...." (14.4.82 Botschaft an Mirjana, Medjugorje)

"..Ich zittere vor Trauer, da die dämonischen Mächte eine solche Macht über die Gläubigen und die Menschen haben..." (10.2.92 Kureščeк)

"Die, die sich von Satan leiten lassen, werden sich umsonst mühen, den Heiligen Vater niederzumachen oder die Kirche zu ihrer Zerstörung zu bringen. Außerdem werden alle Dämonen machtlos, wenn euer Opfer und eure Buße zusammenkommen, damit meine Tränen nicht umsonst geflossen sind." (14.10.89 Naju)

"Satan hat lange gearbeitet, um das Sakrament der Eucharistie zu ruinieren..... Sehr bald wird er angekettet und in das höllische Feuer verbannt werden, wo er während einer langen Zeitperiode den Menschen nicht mehr schaden kann." (4.10.95 Maracaibo)

"....Viele meiner Söhne glauben nicht an seine (Satans) Existenz, und es ist für ihn ein Erfolg, die Kinder Gottes meinen zu lassen, es gäbe ihn nicht. So kann er seine verfluchten Werke ausführen..." (9.8.95 Maracaibo)

"Der Feind wurde angegriffen; sein Ende naht. Noch bedient er sich der menschlichen Schwäche, des Stolzes. Dennoch werde ich ihn schlagen. Die

Welt soll es wissen: die Mutter Christi wird über Satan triumphieren...." (17.2.89 Maracaibo)

"Auch die Kirche wird durch die Kraft der Liebe wiedergeboren werden." (10.7.88 Maracaibo)

Fegefeuer, Himmel und Hölle

Heute wird die Existenz einer Hölle ebenso geleugnet, zumindest in Frage gestellt wie das Fegefeuer. Es gibt unter Theologen die Tendenz, der Hölle allenfalls eine zeitlich begrenzte Existenz anzudichten, weil der Begriff "ewig" im Neuen Testament (aion) auch anders zu verstehen sei. Jesus aber sprach deutlich sowohl vom ewigen Feuer der Verdammnis, als auch vom Reich der ewigen Seligkeit. In allen Fällen benutzte er dasselbe Wort. Wie also sollte der Begriff zwei verschiedene Bedeutungen haben, einmal zeitlich begrenzt, ein andermal ewig? Die Leugnung einer selbstgewählten Gottesferne, und das ist die Hölle, liegt in einem falschen Gottesbild begründet, vielleicht auch in der Angst vor ihr.

Was das Fegefeuer betrifft, so handelt es sich um einen Zustand der Reinigung, der der ewigen Gottesanschauung vorausgeht, sofern die Seele nicht schon durch ein Leben der Buße und des Gebetes heilig geworden ist. Im ersten Petrusbrief heißt es, daß Christus nach seiner Auferstehung hingegangen ist, "und hat den Geistern im *Gefängnis* gepredigt.." (3,18-2o); Im ersten Korintherbrief sagt Paulus: "Eines jeden Werk wird sichtbar werden am Tag des Herrn; er offenbart sich ja im Feuer, und wie beschaffen das Werk des einzelnen ist, das *Feuer* wird es erproben." (3,13-15). Und Jesus selber weist auf das Bezahlen des letzten Hellers hin, "sonst kommst du *nicht heraus von dort*." (Mt 5,25) Das Fegefeuer ist sozusagen eine

Erfindung der göttlichen Barmherzigkeit. Aufschlußreiche Einblicke in das Fegefeuer geben uns die Mystiker und einige begnadete Visionäre wie die hl.Katharina von Genua, die selige Schwester Anna Maria Lindmayr und die Seher von Fatima. Vicka von Medjugorje berichtet eine Höllenvision, die sie mit Jakov Colo in dessen Haus unter geheimnisvollen Umständen hatte. Beide beteten zusammen und verschwanden dann plötzlich für 2o Minuten aus den Augen der Mutter von Jakov, ohne das Zimmer verlassen zu haben. Dies war eine echte Entrückung, in der ihnen die Gospa die reale Existenz von Hölle, Fegefeuer und Himmel zeigte.

"Sehr lange sind die Zeiten der Reinigung für viele, die nach dem Tod die Schwelle des Lichtes noch nicht überschritten haben. Wie groß ist deren Zahl! ...Betet, denn durch das Gebet und die Nächstenliebe werden sich die Zeiten ihrer Qual verringern." (20.10.86 Schio)

"Seid dem Kreuz Jesu treu. Es wird über die Hölle triumphieren und euch ewige Freude geben." (28.11.89 Schio)

"Im Fegefeuer gibt es viele Seelen, sogar gottgeweihte Personen. Betet für ihre Anliegen wenigstens 7 Vater unser, 7 Ave Maria, Ehre sei dem Vater und das Glaubensbekenntnis. Es gibt viele Seelen, die schon lange im Fegefeuer sind, weil niemand für sie betet. " (21.7.82 Medjugorje)

"Die Menschen, die in die Hölle kommen, wollen nicht die geringste Wohltat von Gott mehr erhalten. Sie bereuen nicht, sie hören nicht auf, zu fluchen und gegen Gott zu lästern; sie nehmen es in Kauf, in der Hölle zu sein und beabsichtigen nicht, sie zu verlassen." (10.1.83 Medjugorje)

"Es gibt verschiedene Stufen im Fegefeuer. Die untersten sind nahe bei der Hölle, die obersten kommen dem Himmel immer näher. An Weihnachten verläßt die größte Anzahl Seelen das Fegefeuer. Im Fegefeuer sind Seelen, die inständig zu Gott beten, für die aber kein Verwandter oder Freund auf der Erde mehr betet. Gott läßt ihnen die Gebete anderer Menschen zugute kommen. Es kommt vor, daß Gott ihnen erlaubt, sich in verschiedenen Weisen bei ihren Angehörigen auf der Erde zu zeigen, um die Menschen an das Vorhandensein des Fegefeuers zu erinnern..... Die meisten kommen ins Fegefeuer, viele in die Hölle, wenige sofort in den Himmel." (10.1.83 Medjugorje)

"Das Fegefeuer ist der Ort, in den die Seele von selbst eintreten muß. Dort reinigt sie sich völlig durch die Buße, die sie schon auf der Erde hätte tun müssen. ....Sie kommt früher in den Himmel, wenn die Menschen auf der Erde für sie beten." (24.7.88 Naju)

"Manchmal gehen Seelen ins Fegefeuer, um für die Sünden der noch lebenden Angehörigen zu sühnen." (undatierte Botschaft, Maracaibo)

Verschiedene Einzelaussagen

Neben den ständigen Aufrufen zur Umkehr, zur Buße, zur Erneuerung der Sakramente und zur Treue der Kirche gegenüber, gibt die Gottesmutter gelegentlich Auskunft zu einzelnen Fragen. Der Gefahr, aus reiner Neugier noch mehr wissen zu wollen, begegnet sie mit den Worten: "Liebe Kinder, fragt nicht soviel, lebt meine Botschaften!" Soweit die Informationen dem Wohl des Menschen und der religiösen Orientierung dienen, erteilt sie auf die gestellten Fragen eine Antwort. Auch hier gibt es eigentlich nichts Neues, da alle Aussagen der bekannten kirchlichen Lehre entsprechen, jedoch in den letzten Jahren durch esoterische und agnostische Lehren abhanden gekommen sind.

Reinkarnation

"Wir gehen zum Himmel bei vollem Bewußtsein. Im Moment des Todes sind wir uns der Trennung von Leib und Seele bewußt. Es ist erforderlich, die Leute darüber zu unterrichten, daß wir nicht mehrmals geboren und nicht in verschiedenen Körpern wiedergeboren werden. Man wird nur einmal geboren...." (24.7.82 Medjugorje)

"....Glaubt nicht an das, was die Menschen Reinkarnation genannt haben; denn das gibt es nicht; das ist eine weitere List des Feindes, um immer mehr Seelen zur Hölle zu ziehen." (24.1.96 Maracaibo)

Abendmahl

"Ich war nicht beim Letzten Abendmahl zugegen, aber ich nehme teil am blutigen Kreuzesopfer, das in jeder Heiligen Messe stattfindet, und ich bleibe an der Seite Jesu im Tabernakel." (31.10.87 Schio)

Attentat auf den Papst

"Seine Feinde wollten ihn töten, aber ich habe ihn beschützt." (13.5.82 Medjugorje)

Maria als Miterlöserin

"Die Stunde des Sieges meiner Mutter naht. Bekehrt euch schnell..... Hört auf ihre Worte, denn sie führt auch als himmlische Prophetin in meine leuchtende Offenbarung; und sie ist es auch, die auf Erden kommt, um Miterlöserin zu sein." (Worte Jesu an Julia am 6.5.91 in Naju)

(Anm.des Autors: Bereits in Amsterdam offenbarte am 25.3.1945 Maria der Seherin Ida Peerdemann den Wunsch, die

Kirche möge die Lehre von Maria als "Miterlöserin, Mittlerin, Fürsprecherin" kundtun. Hier sträuben sich allerdings sehr viele Theologen, weil sie die Ökumene in Gefahr sehen. Jedoch wies Maria darauf hin, daß dieses Dogma zwar vielen zum Ärgernis wird, aber die Einheit letztlich nicht verhindern kann.)

Geweihte Gegenstände

"Heute lade ich euch ein, bringt in eure Häuser mehr geweihte Sachen, und jeder trage etwas Geweihtes bei sich. Segnet alle Gegenstände, so wird euch der Satan weniger versuchen, weil ihr einen Schild gegen ihn habt." (18.7.85 Medjugorje)

"Ich erinnere euch daran, mehr gesegnete Gegenstände um den Hals zu tragen und auch in euren Wohnungen zu verwenden. Insbesondere fordere ich euch noch einmal auf, in euren Wohnungen Weihwasser zu haben, um den Feind von euren Seelen und Wohnungen fernzuhalten." (27.11.95 Maracaibo)

(Anm: Maria versprach am 27.11.1830 der hl.Katharina Labouré in Paris, daß sie all denen besonders beisteht, die die "Wundertätige Medaille" tragen. Sie versprach am 2.12.1984 der Seherin Glady in San Nicolas: Wer die Medaille mit ihrem Bild und Namen auf der Brust trägt, erhält von ihrem Sohn Jesus reiche Gnaden. Zahlreich sind die Bitten dieser Art und ebenso zahlreich sind die beglaubigten Gnadenerweise, die den Trägern der Medaille gewährt wurden.)

Transzendentale Meditation

"Warum nennt ihr sie \`Meditationen\`, wo es sich doch um Menschenwerk handelt? Wahre Meditation ist eine Begegnung mit Jesus, wenn ihr die Freude und den inneren Frieden entdeckt. Ihr sollt wissen, daß es nur einen Gott gibt und nur einen einzigen Mittler: Jesus Christus." (1984, Medjugorje)

Moden

"Kleidet euch anständig. Euer Leib ist ein Tempel des Heiligen Geistes. Meine Kinder, heute gibt es Moden, die den Herrn stark beleidigen. Die meisten sind vom Geist des Bösen inspiriert. .....Laßt euch nicht von der Masse mitreißen." (13.7.94 Maracaibo)

Geburtenregelung

"Die zügellose Geburtenregelung tut mir so weh. Ohne eure Hilfe kann ich den gerechten Zorn Gottes, des Vaters, nicht besänftigen...." (5,11,86 Naju)

"Der Bauch der Frau ist zu einem modernen Konzentrationslager geworden. Betet, betet, betet für diese kleinen Wesen, die so sehr leiden....." (undatierte Botschaft an José-Luis, Maracaibo)

Kann der gute Gott drohen und strafen?

Der heikelste Punkt an den Offenbarungen sind die sehr ernsten Aussagen über bevorstehende Katastrophen und Strafmaßnahmen. Immer wieder bittet Maria um Gebet und Umkehr, **"andernfalls fließt der Zornesbecher des göttlichen Vaters über"** (12.6.97 Naju). Das macht vielen Menschen Angst und führt zur Ablehnung der Botschaften, weil eine solche Bedrohlichkeit nicht in ihr Bild vom barmherzigen Gott paßt. Nun muß aber gesagt werden, daß Gott auch gerecht ist, d.h. er mißt jedem Menschen das Maß bei, das ihm aufgrund seiner Taten und seines Glaubens zusteht. Natürlich vergibt Gott jedem, der bereut und umkehrt. Und genau hierin liegt der entscheidende Punkt: Allein die Hinwendung zu Gott, die Reue über seine Schuld, bewirkt die Vergebung. Wer sich nach Gott ausrichtet und bereit ist, das zu tun, was er erbittet, wird verschont und braucht nichts zu befürchten: **"Ihr, die ihr mir folgt, fürchtet euch nicht. Am Ende wird mein Unbeflecktes Herz triumphieren"** (26.4.97 Schio)

Es muß auch bedacht werden, daß so manches Unheil ausbleibt aufgrund der wachsenden Gebete. Dazu eine Bemerkung der Gottesmutter vom 10.2.98 in Kureščεk: **"Weil mir zahlreiche Menschen gefolgt sind und meinen Auftrag, den ich euch am 3.März und am 5.Mai 1990 gegeben habe, erfüllten, seid ihr vor den schweren Folgen eines Krieges bewahrt worden."** (Gemeint ist der furchtbare Völkermord zwischen Serben und Kroaten, der nicht nach Slowenien eingedrungen ist.). Da wir ängstliche Geschöpfe sind, suchen wir gern Beruhigung und überhören peinliche Warnungen. Bereits in Fatima hatte die Gottesmutter auf den Zweiten Weltkrieg hingewiesen, "wenn sich die Menschen und Rußland nicht bekehren.... Portugal aber wird aufgrund seines Glaubens verschont bleiben." Es liegt an uns selber, nicht an Gott. Wer Angst hat, muß sich nach den Gründen dieser Angst fragen. Jede Pädagogik weiß um die Notwendigkeit von Maßnahmen im Fall wiederholten Ungehorsams. Die Strafe Gottes besteht darin, daß er den Menschen seinen Handlungen überläßt; wer ohne Gott auszukommen meint, wird abstürzen. Gott zwingt sich den Menschen nicht auf. Aber er ist besorgt um sie. Maria will nicht Angst machen, deshalb sagt sie ständig "Fürchtet euch nicht!" Fürchten können sich natürlich jene, die nicht daran denken, den Weisungen und Bitten des Himmels Folge zu leisten. Was diese Hinweise auf Strafen wirklich meinen, ist im ersten Johannesbrief erläutert: *"Darin ist die Liebe unter uns vollendet, daß*

wir freudige Zuversicht haben am Tag des Gerichts.... Furcht ist nicht in der Liebe, sondern die vollendete Liebe treibt die Furcht aus; denn die Furcht hat es mit Strafe zu tun. Wer sich also fürchtet, ist in der Liebe nicht vollendet." (4,17 f)
Es handelt sich also nicht um Strafe im herkömmlichen, negativen Sinn, sondern um Sanktionen, d.h. um Maßnahmen, die zur Heiligung, zum Wohl des Menschen sind (sanktus=heilig). Gott rächt sich nicht; er will die Rettung des Menschen, weil er ihn liebt. Uns fehlt für diese Pädagogik das richtige Wort, sodaß in allen Übersetzungen von Strafe die Rede ist; und das verbinden viele Menschen mit Lieblosigkeit und mit Ungerechtigkeit. Gottes Handeln ist niemals ungerecht; es kann aber sehr verbindlich sein. Aber selbst die Verbindlichkeit empfinden heute manche als Zumutung.

Gott läßt uns durch Maria mitteilen, daß Gott *alle* Menschen liebt und daß sich die Treuen in der Obhut Gottes wissen dürfen, sie aber auch für die Feinde und die lauen Christen beten sollen, "denn die Zeit geht dem Ende entgegen", eine Aussage, die sie wiederholt bei allen Sehern der Welt macht. Viele Bischöfe lehnen eine Anerkennung jener Seher ab, die Überbringer solcher Endzeit-Botschaften sind, dabei verwechseln auch sie das "Ende der Zeit" mit dem Ende der Welt. Doch davon ist keine Rede, wie ich schon gesagt habe. Eine neue, bessere Zeit wird angekündigt. Dies ist Grund zur Freude, nicht zur Panik. Dies alles den Widerspenstigen klar zu machen oder gar Beweise zu erbringen ist nicht Sache der Gläubigen. Maria will nicht, daß die Gläubigen die Ungläubigen mit Beweisen für die Echtheit ihrer Erscheinungen bombardieren, sondern: **"Ich selbst werde beweisen. Nur die Blinden werden die Beweise nicht sehen."** (7.3.98 Kureščček).

Verantwortlicher Umgang mit Privatoffenbarungen

Es ist nicht einfach, im Gebrauch und in der Weitergabe von sogenannten privaten Offenbarungen klug vorzugehen. Derjenige, der sie ernst nimmt, läuft Gefahr, manches zu übertreiben und seine Mitmenschen in missionarischer Absicht eher zu verschrecken als zu überzeugen. Und derjenige, der sie ablehnt, rutscht schnell in eine Haltung von Hochmut und Empörung. Da braucht es die Unterstützung des Heiligen Geistes, der aber nie den Ungläubigen "erschlägt", wie Paulus es formuliert (Vgl. Hebräer 5,11-14 und 1 Kor 8,11). Daß die Theologen den Bereich der Privatoffenbarungen, aber auch der Dämonologie, seit langem vernachlässigt haben, rächt sich jetzt. Keiner weiß so recht, wie er damit umgehen soll. Wer sich auf die Pädagogik der Gottesmutter einläßt, kommt nicht umhin, ihre Wünsche und Sorgen ernst zu nehmen und sein eigenes Leben danach auszurichten.

Jedoch wird er kaum schweigen können über das, was er gehört und erfahren hat (Apg 4,2o). Es hat wenig Sinn, mit Menschen zu diskutieren, die rechthaberisch und fanatisch sind, egal auf welcher Seite sie stehen. Maria sagt dazu: **"Bemüht euch nicht, die Wahrheit meiner Botschaften und meine Anwesenheit zu beweisen und jene zu überzeugen, die das nicht für wahr halten....Betet für sie, damit sie sehend werden."** (5.12.92 Kureščec)

Jedem, der sich schwer tut mit dem Inhalt der Botschaften, rate ich, einen der hier genannten Erscheinungsorte selber aufzusuchen und sich ein Bild zu machen. Vielleicht erfährt er dann das Wirken des Geistes, der weht, wo er will.

Wir dürfen nicht vergessen, daß der Glaube auch eine Gnade ist, die erbeten werden muß. Der Nichtglaubende sollte sich deshalb nicht für gescheiter und aufgeklärter halten als der Glaubende. Und der Glaubende hat keinen Grund, sich elitär über den Nichtglaubenden zu erheben; er hat die Verpflichtung, für den anderen zu beten und das übrige Gott zu überlassen. Denn Christen müssen den Glauben nicht machen, sondern (vor)leben.
Maria selber äußert sich zum Problem des Unglaubens: **"Ich liebe auch jene, die wegen meiner Erscheinungen einen Skandal hervorrufen: Diese werden später einmal verstehen, aber da werde ich schon alles gesagt haben, was ich sagen mußte ,.. und für viele wird es eine verlorene Zeit gewesen sein..."** (9.4.88 Schio)
Stets ist zu bedenken, daß die Gebete und Opfer weniger Menschen anderen zugute kommen; kein Gebet, keine Träne geht verloren. Die wirkliche Missionierung vollzieht sich im stillen: durch Gebet, Fasten und Bußübungen. Und dann wird plötzlich der große Tag des Triumphes Gottes kommen, von niemandem erwartet und doch von so vielen ersehnt.

Ein Priester sagte: "Was brauche ich Marienerscheinungen? Mir genügt die Bibel!" Rein theologisch betrachtet hat er Recht. Die Schrift enthält alles. Doch wie verwirklicht er das Wort der Schrift? Wie gelingt ihm die praktische Umsetzung ganz ohne die himmlische Pädagogik? Die Schrift sagt nichts von Bibel- und Gebetskreisen, von Medaillen und von Weihwasser, von monatlicher Beichte und von Rosenkranzgebet. Wie also lebt dieser Priester? Worin liegt der wahre Grund seiner Verweigerung? Ich denke, daß die theologische Ausbildung mitschuldig ist an diesem Defizit. Wie will ein solcher Priester jene geistlich begleiten, die sich der Führung Marias anvertrauen?

Wer sich in der Welt umschaut, wird feststellen, daß gerade die marianisch geprägte Frömmigkeit eine ungeheure spirituelle Kraft entfaltet: Neue geistliche Gemeinschaften entstehen, Gebetsgruppen wachsen in den Gemeinden, kirchliche Traditionen leben wieder auf, die Treue zum Papst und zur Kirche wird hochgehalten. Es vollzieht sich das, was viele Christen, die sich für modern und zeitgemäß halten, oft mit "konservativ" etikettieren. Und jene Priester, die in ihrer Kleidung als solche erkennbar sind, die buchstäblich "Farbe bekennen" und sich "erkenntlich zeigen", werden vorschnell als "klerikal" abqualifiziert.
Gewiß zeigt sich bei manchen Marienverehrern auch eine fragwürdige, abschreckende und lebensfeindliche Frömmigkeit, die im Gegensatz steht zur Aussage der Gottesmutter: **"Genießt die Güter dieser Welt, nicht überbordend, sondern maßvoll. So werdet ihr Geschmack am Leben bekommen."** (8.6.85 Schio) Wo immer eine geistliche Begleitung von kompetenten Seelenführern fehlt, besteht die Gefahr eines Wildwuchses und einer einseitigen Frömmigkeitspraxis. Die echte und von Maria gewünschte Spiritualität ist stets christozentrisch, also auf Jesus Christus bezogen. Er ist Mittelpunkt und Gegenstand der Anbetung, nicht Maria.

Hinzukommt bei diesen Privatoffenbarungen die Problematik der sprachlichen Übersetzung und sinngemäßen Umsetzung. Es ist nicht einfach, Worte des Herzens in die richtige Sprache zu bringen, und diese dann noch einmal in fremde Sprachen zu übersetzen. Da rutscht schon einmal eine mißverständ-liche Fornmulierung hinein. Maria sagt: **"Ich bitte euch, meine Kinder, meine Botschaften nicht dem Buchstaben, sondern dem Geist nach zu begreifen.... Es gibt nur deshalb gegenüber meinen Bot-**

schaften Widersprüche, weil euch der Buchstabe nicht befähigt, das zu sagen, was der wahre Inhalt meiner Botschaften ist." (1.11.93 Kurešček)

Von der Gottesmutter empfohlene Gebete

Maria bittet all jene, die sich auf ihre Wünsche einlassen, um bestimmte Gebete und religiöse Handlungen. So sollte jeder einen kleinen Hausaltar haben, mit dem Kreuz in der Mitte, einem Marienbild an der Seite, eine Kerze und Blumen, auch Weihwasser. An allen Orten der Welt, wo sie derzeit erscheint, bittet sie die Seher(innen) vorrangig um

die eucharistische Anbetung, vorzugsweise donnerstagabends,

die Anrufung des Hl.Geistes (z.B. die Pfingstsequenz),

das Rosenkranzgebet, wenn möglich, alle fünfzehn Gesätze,

das Gebet zum hl.Erzengel Michael, wie das früher nach der hl.Messe üblich war,

das Gebet für die Armen Seelen, bestehend aus Glaubensbekenntnis, sieben Vaterunsern, sieben Ave Maria und Ehre sei dem Vater,

das dreimalige Angelusgebet (Engel des Herrn),

das Fasten bei Wasser und Brot (oder kein Fernsehen....), wenigstens am Freitag, besser noch mittwochs und freitags,

die monatliche Beichte,

die Teilnahme an der Eucharistiefeier so oft wie möglich.

Dies ist die "Grundausrüstung" des Christen. Für manchen mag dies auf den ersten Blick zuviel sein.

Wer die Punkte 2-5 erfüllt, benötigt dazu etwas mehr als eine Stunde. Das ist angesichts der Zeit, die wir für andere, oft fragwürdige Beschäftigungen verbringen, nicht viel. Wer sich darin übt, bekommt Geschmack daran und empfindet diese Zeit als sehr wertvoll. Es ist geraten, die Gebete auf den Tag zu verteilen oder gebündelt am Morgen. Manche werden etwas früher aufstehen müssen, vor allem jene, die meinen, daß sie so "furchtbar viel am Hals haben." Es wird sich zeigen, daß die konsequenten Beter keineswegs Zeit verlieren, sondern gewinnen. Dieses Phänomen ist ein Geheimnis des Himmels.

Natürlich wird Satan alles dransetzen, diese frommen Übungen zu sabotieren. Das beginnt schon damit, daß er mit sehr "vernünftigen" Einflüsterungen kommt. Hier die geläufigste: "Muß das sein, soviel auf einmal? Gott ist doch so barmherzig, daß er gewiß versteht, wenn ich das bei meinen Verpflichtungen nicht kann."

Fangen Sie nicht an zu argumentieren. Tun Sie einfach das, was Maria wünscht. Ohne wenn und aber. Und wenn Sie Freunde oder Partner und Kinder haben, die mitmachen, um so besser. Beziehungen halten besser, wenn sie außer Tisch und Bett auch den Glauben teilen.

Und hier die Gebete im einzelnen:

1.Eucharistische Anbetung

(Sie suchen eine Kirche auf und beten dort ca 15-3o Minuten still vor dem Tabernakel. Besser noch: Sie besuchen eine Andacht mit Aussetzung des Allerheiligsten, sofern der Pfarrer eine solche Andacht anbietet.)

Mein Gott, ich glaube an dich, ich bete dich an, ich hoffe auf dich, ich liebe dich. Ich bitte dich um Verzei-

hung für die, die nicht glauben, Dich nicht anbeten, nicht hoffen und dich nicht lieben. (Worte des Engels an die Seher von Fatima)

2. Anrufung des heiligen Geistes

Komm, o Geist der Heiligkeit!
Aus deines Himmels Herrlichkeit
Sende Deines Lichtes Strahl!

Vater aller Armen Du,
aller Herzen Licht und Ruh´,
komm mit Deiner Gaben Zahl!

Tröster in Verlassenheit,
Labsal voll der Lieblichkeit,
komm, Du guter Seelenfreund!
In Ermüdung schenke Ruh´,
in der Glut hauch Kühlung zu,
tröste den, der trostlos weint.

O Du Licht der Seligkeit,
mach Dir unser Herz bereit,
dring in unsre Seelen ein!

Ohne Dein lebendig Wehn
Nichts im Menschen kann bestehn,
nichts ohn´ Fehl und Makel sein.

Wasche, was beflecket ist,
heile, was verwundet ist,
tränke, was da dürre steht.

Beuge, was verhärtet ist,
wärme, was erkaltet ist,
lenke, was da irregeht.

Heiliger Geist, wir bitten Dich,
gibt uns allen gnädiglich
Deiner Gaben Siebenzahl.

Spende uns der Tugend Lohn,
laß uns stehen an Deinem Thron,
uns erfreun im Himmelssaal. Amen.

3. Rosenkranzgebet

Ich glaube an Gott, den Vater, den Allmächtigen, den Schöpfer des Himmels und der Erde, und an Jesus Christus, seinen eingeborenen Sohn, unsern Herrn, empfangen durch den Heiligen Geist, geboren von der Jungfrau Maria, gelitten unter Pontius Pilatus, gekreuzigt, gestorben und begraben, hinabgestiegen in das Reich des Todes, am dritten Tage wieder auferstanden von den Toten, aufgefahren in den Himmel; er sitzt zur Rechten Gottes, des allmächtigen Vaters; von dort wird er kommen, zu richten die Lebenden und die Toten. Ich glaube an den Heiligen Geist, die heilige katholische Kirche, Gemeinschaft der Heiligen, Vergebung der Sünden, Auferstehung der Toten und das ewige Leben. Amen.

Vater unser

Vater unser im Himmel, geheiligt werde Dein Name. Dein Reich komme. Dein Wille geschehe, wie im Himmel, so auf Erden. Unser tägliches Brot gib uns heute. Und vergib uns unsere Schuld, wie auch wir vergeben unseren Schuldigern. Und führe uns nicht in Versuchung, sondern erlöse uns von dem Bösen. Denn Dein ist das Reich und die Kraft und die Herrlichkeit in Ewigkeit. Amen.

Ehre sei dem Vater

Ehre sei dem Vater und dem Sohn und dem Heiligen Geist, wie im Anfang so auch jetzt und alle Zeit und in Ewigkeit. Amen.

Ave Maria

Gegrüßet seist du, Maria, voll der Gnade, der Herr ist mit dir. Du bist gebenedeit unter den Frauen, und gebenedeit ist die Frucht deines Leibes, Jesus. – Heilige Maria, Mutter Gottes, bitte für uns Sünder jetzt und in der Stunde unseres Todes. Amen.

Der freudenreiche Rosenkranz

1. Den du, o Jungfrau, vom Heiligen Geist empfangen hast.
2. Den du, o Jungfrau, zu Elisabeth getragen hast.
3. Den du, o Jungfrau, zu Bethlehem geboren hast.
4. Den du, o Jungfrau, im Tempel aufgeopfert hast.
5. Den du, o Jungfrau, im Tempel wiedergefunden hast.

Der schmerzreiche Rosenkranz

1. Der für uns Blut geschwitzt hat.
2. Der für uns gegeißelt worden ist.
3. Der für uns mit Dornen gekrönt worden ist.
4. Der für uns das schwere Kreuz getragen hat.
5. Der für uns gekreuzigt worden ist.

Der glorreiche Rosenkranz

1. Der von den Toten auferstanden ist.
2. Der in den Himmel aufgefahren ist.
3. Der uns den Heiligen Geist gesandt hat.
4. Der dich, o Jungfrau, in den Himmel aufgenommen hat.
5. Der dich, o Jungfrau, im Himmel gekrönt hat.

4. Zum hl. Erzengel Michael

Heiliger Erzengel Michael, du Fürst der himmlischen Heerscharen, verteidige uns im Kampfe gegen die Bosheit und die Nachstellungen des Teufels! Sei du unser Schutz! Gott gebiete ihm, so bitten wir flehentlich; du aber, Fürst der himmlischen Heerscharen, stürze den Satan und die anderen bösen Geister, die zum Verderben der Seelen in der Welt umherschweifen, durch göttliche Kraft in die Hölle hinab. Amen.

Heilige Maria, Mutter der Kirche, ihr Engel und Heiligen alle, bittet für uns.

5. Angelus-Gebet (morgens, mittags, abends)

Der Engel des Herrn brachte Maria die Botschaft, und sie empfing vom Heiligen Geist. – *Gegrüßet seist du, Maria…*

Maria sprach: Siehe, ich bin die Magd des Herrn; mir geschehe nach Deinem Wort. - *Gegrüßet seist du, Maria…*

Und das Wort ist Fleisch geworden und hat unter uns gewohnt. - *Gegrüßet seist du, Maria…*

Bitte für uns, o heilige Gottesgebärerin, auf daß wir würdig werden der Verheißungen Christi.

Lasset uns beten:

Wir bitten Dich, o Herr, gieße Deine Gnade in unsere Herzen ein. Durch die Botschaft des Engels haben wir die Menschwerdung Christi, Deines Sohnes, erkannt. Laß uns durch Sein Leiden und Kreuz zur Herrlichkeit und Auferstehung geführt werden, durch Christus, unsern Herrn. Amen.

6. Gebet für einen Kranken

Herr, schau diesen Kranken vor Dir!
Er möchte gesund sein.
Wenn sein Wunsch Deinem Plan entspricht,
den Du zu seinem Besten in Dir trägst,
so erhöre seine Bitte.

Wenn es aber nach Deiner gütigen
Und weisen Vorsehung
Für ihn besser ist,
sein Kreuz weiter zu tragen,
so gib ihm die Kraft dazu, bitte!
Behüte ihn und lindre seine Schmerzen!

Laß ihn erkennen, daß die Gesundheit
Der Seele noch wichtiger ist
Als die Gesundheit des Leibes!
Dein heiliger Wille soll sich an ihm erfüllen,
und Deine göttliche Liebe soll sich an ihm offenbaren.
Hilf ihm, sein Kreuz tapfer zu tragen!

Ich bitte Dich auch für uns,
die wir für ihn beten:
Reinige unsere Herzen,
damit wir würdig werden,
Deine Gnaden zu empfangen und weiterzugeben.

(3mal Ehre sei dem Vater…)

Quellenangaben

Medjugorje:

Auboyenau, Cyrille: Worte des Friedens. Hauteville 1994

Knotzinger, Kurt: Anwort auf Medjugorje.Köln 1987

Laurentin/Rupcic: Das Geschehen von Medjugorje. Eine Untersuchung. Köln 3/1986

Müller, Jörg: Aufruf Mariens in Medjugorje. Jestetten 4/1997

Sarrach, Alfons: Medjugorjes Botschaft vom dienenden Gott. Jestetten 1993

Kureščček:

Becker, Johanna: Die Erscheinungen von Kureščček. Jestetten 1993

Javorski, Benjamin M: Botschaften der Königin des Friedens von Kureščček. Wien 1995

Schio:

Castella André (Hrg): Die Botschaften der Königin der Liebe in Schio.Hauteville 1990

Opera dell`Amore (Hrg): Maria ruft. Botschaften der Königin der Liebe 1992-196.(kostenlos erhältlich beim Herausgeber in Via Tombon 14, I-36o15 Schio)

Ders: Die Erscheinungen der Madonna in Schio.

Maracaibo:

Reyes-Ayral, Xavier: Eine Liebesbotschaft. Mitteilungen Marias an zwei Seher von Venezuela. Hauteville 1997

Maria heute. Zeitschrift Nr. 344/345, 1999. Herausgegeben vom Parvis-Verlag, Hauteville

Soufanieh:

Khoury, Adel Th.: Zeichen vom Himmel in Damaskus. Die Botschaft von Sufanieh. Altenberge 1990

Maria heute Nr. 311 /1996. Herausgegeben vom Parvis Verlag, Hauteville

San Nicolas:

Laurentin, René: Ein Ruf Mariens in Argentinien. Hauteville 1992

Naju:

Spies R./ **Couette** L.: Maria, warum weinst du? Ereignisse und Botschaften von Naju. Hauteville 1992

Maria heute Nr. 334, 335. Herausgegeben vom Parvis Verlag, Hauteville

Cuenca:

Hierzenberger/Nedomansky, O: Erscheinungen und Botschaften der Gottesmutter Maria.
Vollständige Dokumentation durch zwei Jahrtausende. Augsburg 1993

Kibeho:

Hierzenberger/Nedomansky,O: Erscheinungen und Botschaften der Gottesmutter Maria.
Vollständige Dokumentation durch zwei Jahrtausende. Augsburg 1993

Allgemeine Literatur:

Scheffcyk, Leo: Die theologischen Grundlagen von Erscheinungen und Prophezeiungen. Leutesdorf 1982

Ziegenaus, Anton (Hrsg): Marienerscheinungen. Ihre Echtheit und Bedeutung im Leben der Kirche. Regensburg 1995

Weitere Quellen der im Buch erwähnten Botschaften:

Angerer, Anton (Hrsg): Das steht der Welt noch bevor. St.Andrä-Wördern 1997

Berndt, Stephan: Prophezeiungen zur Zukunft Europas.Weilersbach 2/1998

Denessy, J.E.:Jesus von Nazareth. Spricht er in Brüssel? Meersburg 4/1986

Lucia, Sr.: Schwester Lucia spricht über Fatima. Fatima 3/1977

Zischkin, Otto: Offenbarungen Jesu an Schwester Faustine. St.Andrä-Wördern 1987

Inhaltsverzeichnis